LUTHER-
VERLAG

AF548587

Detlef Lienau

# RUCKSACK PACKEN, SCHUHE BINDEN – LOS

*Pilger-Impulse für unterwegs*

Luther-Verlag Bielefeld

Bibliographische Information der Deutschen Nationalbibliothek

Die Deutsche Nationalbibliothek verzeichnet diese Publikation in der Deutschen Nationalbibliographie; detaillierte bibliographische Daten sind im Internet über http://dnb.d-nb.de abrufbar.

ISBN 978-3-7858-0883-2



Trotz intensiver Recherche konnten die Quellen nicht für alle Zitate eindeutig ausgemacht werden. Wir bitten um entsprechende Hinweise.


Umschlaggestaltung: tiefschwarz und edelweiß, Hagen (www.tsew.de)
Satz: Luther-Verlag Bielefeld
Druck: Rudolph Druck oHG, Schweinfurt

# Inhalt

**Mit Petrus · zu mir**



**Grenzgänge · mit Rut unterwegs**



**Elia · erschöpft, gerannt, genährt**



**David · Versager und Held**

**Bewährte Worte**

**Eine Woche mit liturgischen Texten**



**Biblische Inspirationen**

## Pilger-Proviant



## Poetisch pilgern

# Vorwort

Pilgern bleibt im Trend, das Interesse steigt immer noch. Aber jüngst warnte die Presse, Pilgern sei Ballermann statt Beten, in Santiago de Compostela herrsche »Party an der Kathedrale – der Jakobsweg droht am eigenen Erfolg zugrunde zu gehen«. Das bloße Gehen, die Bezeichnung als Jakobsweg machen das Wandern noch nicht zum Pilgern. Wie kann der äußere Weg zur inneren Wandlung werden? Damit ich nicht nur Neues gesehen habe, sondern neu werde, braucht die Seele Proviant, stärkende geistliche Lebensmittel.

Egal ob auf dem bekannten spanischen Jakobsweg oder auf einsamen Routen, ob im Rudel oder allein auf weiter Flur: Es tut gut, der Seele etwas zu kauen zu geben. Keine leichte Kost, sondern Vollkorn, Schwarzbrot, das mühsamer zu kauen ist, aber auch nach einigen Stunden laufen noch Kraft gibt. Mehr als nette Kalendersprüche, die dem Alltag nicht standhalten. Biblische Texte sind am Leben gereift, ihnen traue ich zu, in unserer unübersichtlichen und herausfordernden Welt Orientierung und Kraft zu geben – und Tiefe.

Ein Grundgedanke Dorothee Sölles hat mir in ihrem 20. Todesjahr eingeleuchtet: Gott ist nicht zuerst Trostpflaster und Tankstelle, sondern Herausforderer und Sehnsuchts-Verstärker, »weil unsere Aufgabe unendlich ist und unsere Sehnsucht nicht kleiner wird im Lauf des Lebens, weil Christus nicht der Trank für uns ist, sondern der, der unsern Durst verstärkt«. Das passt zum Pilgern: nicht bequem zu Hause bleiben, sondern der Sehnsucht folgen, sie lebendig werden zu lassen. »Unruhig ist unser Herz, bis es ruht in dir, Gott. Zu dir hin hast du uns geschaffen«, heißt es schon vor mehr als eineinhalb Jahrtausenden bei Augustinus. Christen glauben einen Gott, der viel mit ihnen vor hat, der mit ihnen die Welt vollenden will. »Hör nicht auf, mich zu träumen, Gott«, beunruhige mich, dass ich nicht mit dem Mittelmaß zufrieden bin, sondern mit dir und zu dir unterwegs, zu einem erfüllten Leben.

Mein Buch »Das Weite suchen« scheint Vielen hilfreicher Pilger-Proviant geworden zu sein. Ich danke dem Luther-Verlag, dessen Impulse überarbeitet und wesentlich erweitert mit neuem Titel »Rucksack packen, Schuhe binden – los!« zu veröffentlichen.

St. Peter im Juli 2023 *Detlef Lienau*

# Vorwort zur 1. Auflage

Die Besinnungen dieses Buchs sind erwachsen aus unzähligen Pilgerwanderungen, die ich in den vergangenen 15 Jahren geleitet habe. Widmen möchte ich dieses Buch den vielen Pilgern, die mit mir unterwegs waren, die in Morgen- und Abendandachten mehr oder weniger gereifte Gedanken zu hören bekamen und mit auf den Weg genommen haben. Ihre Rückmeldungen haben mir gezeigt, wie hilfreich es für sie ist, in der Morgenandacht mit einer Frage, einem *GedankenGang* in den Tag geschickt zu werden, und diesen dann in der Abendandacht wieder aufgegriffen zu wissen. Das gemeinsame Unterwegssein, den geteilten Horizont des Pilgerns, habe ich oft als dankbare Situation der Verkündigung erlebt. Durch das gemeinsame Vorhaben wächst eine große Dichte unter den Pilgern.

Tausende Kilometer sind wir auf Jakobs- und Franziskuswegen in Spanien, Frankreich und Italien unterwegs gewesen. Einzelpilger haben gerne an unseren Gruppenandachten teilgenommen, weil es zur Vertiefung des Pilgerns guttut, bewusst innezuhalten und auf Gott zu hören. Und weil es hilft, dies nicht aus sich selbst zu tun, sondern sich etwas sagen zu lassen – Gedanken, auf die man selbst nicht gekommen wäre. Daraus ist die Idee entstanden, einen Band mit Besinnungen für Einzelpilger zusammenzustellen, spirituellen Pilger-Proviant.

Für mich schließt sich damit eine Trilogie zum Pilgern ab: Den Beginn machte 2009 »Sich fremd gehen«, eine eschatologische Positionsbestimmung des Pilgerns als Ausschreiten zu Gott, der uns immer voraus ist. In meiner Dissertation »Religion auf Reisen« erarbeitete ich empirisch Typen religiöser Erfahrung beim Pilgern, besonders hinsichtlich leiblicher Formen der Sinnbildung. »Rucksack packen, Schuhe binden – los!« als geistliches Werk bietet eine dritte Perspektive: Nach der theologischen Frage »Was ist der Kern des Pilgerns?« und der wissenschaftlichen Untersuchung »Wie wirkt das Pilgern?« geht es die konkrete Gestaltung des Pilgerns an: »Wie kann Gott im Pilgern Raum gewinnen, wie kann der äußere zum inneren Weg werden?«

Aus der Praxis erwachsen möchte das Buch der Praxis dienen. Dafür braucht es Menschen, die es mit auf den Weg nehmen, egal ob auf Jakobs-, Franziskus- oder andere Pilgerwege. Es hofft auf Menschen, die es unterwegs zur Hand und zu Herzen nehmen. So kann es zum spirituellen Pilger-Proviant, zur geistlichen Wegzehrung werden, mit der das Pilgern wirklich ein Weg im Hören auf Gott und zu ihm wird.

Zum Reformationsjubiläum 2017

# Nehmen Sie sich Proviant mit!

## EINE EINFÜHRUNG INS PILGERN

»*Der Mensch lebt nicht vom Brot allein, sondern von allem, was aus dem Mund des HERRN geht*« (5. Mo 8,3). Dieser Hunger nach einem Mehr an Leben, nach mehr als Arbeit, Alltag und Wohlstand, bringt viele Menschen auf den Pilgerweg. Sie spüren: »Das kann doch nicht alles gewesen sein.« Der Hunger nach dem Brot des Lebens führt sie aus dem Alltag heraus – und unterwegs erkennen sie: Allein das Gehen sättigt die Seele noch nicht. Das Wandern öffnet Leib und Seele – aber wofür? Was erfüllt und stärkt, nährt die Seele? Welche Worte tragen – auch über den Pilgerweg hinaus?

Schwarzbrot möchte dieser Pilger-Proviant bieten. Manchmal widerständig und etwas mühsam zu kauen, aber dafür macht es satt und hält auch länger vor. Statt den Geist süßlich zu verkleben, will das Brevier etwas zum Kauen geben, das länger vorhält. »Nicht das Vielwissen sättigt die Seele, sondern das innere Schauen und Verkosten der Dinge« (Ignatius).

Das Buch will Ihnen unterwegs geistliche Wegzehrung geben. Die Besinnungen dieses Buchs wollen Sie unterstützen, beim Pilgern vom Brot des Lebens zu kosten. Hilfreich ist dabei, sich selbst einige Regeln zu geben:

- *Nehmen Sie sich eine* **feste Zeit** *für die Andacht. Zehn Minuten am Morgen vor dem Aufbruch, solange der Geist noch frisch und frei ist, ist oft die beste Zeit. Dann hat Ihre Seele unterwegs etwas zu kauen.*
- *Die meisten Andachten münden in einen* **Gedanken-Gang**, *Fragen für unterwegs. Nehmen Sie sich auch dafür eine bestimmte Zeit, in der Sie sie bedenken wollen – am einfachsten gleich die erste halbe Stunde nach dem Aufbruch. Auch eine Besinnung in einer Kirche ist hilfreich. Bei dem einen kommen die Gedanken besser beim Laufen ins Fließen, der anderen hilft eher die Ruhe des Kirchenraums zur Konzentration. Setzen Sie nach einer bestimmten Zeit einen klaren Schlusspunkt: Bis hierher bin ich gekommen – das reicht.*
- *Haben Sie Mut zu* **vorläufigen Antworten**. *Sie sind mit Ihrem Leben auf dem Weg – nirgends wird das deutlicher als beim Pilgern. Es geht nicht um die definitive Lösung, sondern um einen Versuch: »Das kann ich hier und jetzt sagen. So weit komme ich.« Auch wenn Sie am nächsten Tag vielleicht zu ganz anderen Einsichten kommen würden: Es sind jetzt und hier Ihre provisorischen Schritte auf dem Erkenntnisweg.*
- *Halten Sie Ihre vorläufigen und unfertigen Antwortversuche fest.* **Notieren Sie einige Stichworte**: *kurz, prägnant und persönlich. Das zwingt Sie zur Entscheidung. Dann verlieren sich Ihre Gedanken nicht im Ungewissen, sondern werden konkret – nur so können sie auch etwas im Leben bewirken.*

- *Die kurzen Tagesnotizen ermöglichen Ihnen, am Ende des Pilgerweges zu* resümieren*: »Welchen Weg habe ich innerlich zurückgelegt? Welche Erkenntnisse sind inzwischen überholt und welche möchte ich bewahren und mit in den Alltag nehmen?« Sie werden staunen, welch weiten Weg Sie nicht nur mit den Füßen, sondern auch mit Herz und Verstand gegangen sind.*
- Entscheiden Sie sich, *welche Kapitel Sie lesen möchten – und dann bleiben Sie dabei. Das gibt Ihrer Besinnung Halt und Konzentration. Das Kapitel »Aufbruch und Loslassen« empfiehlt sich für den Einstieg. Die Kapitel zu den biblischen Figuren sollten möglichst durchgängig gelesen werden, um in sie einzutauchen. Die Besinnungen der weiteren Kapitel stehen je für sich.*
- *Pilgern führt zur* Nähe, *zu sich selbst, zu anderen Menschen und zu Gott. Darum wechselt der Text in den Besinnungen zur persönlichen Anrede mit »Du«.*

## PILGERN • AUF GOTT ZUGEHEN

Die christliche Tradition des Pilgerns hat ihre Wurzeln im frühen Mönchtum und im Neuen Testament. Pilgern ist dabei noch nicht das konkrete Unterwegssein auf einem markierten Weg, sondern eine Lebenshaltung, die sich vom Gewohnten und Vertrauten löst und sich auf Gott ausrichtet, der anders ist.

Pilgern ist symbolischer Ausdruck menschlichen Seins. Als Pilger lebt der Mensch, was in ihm angelegt ist. Er übt ein, was ihm aufgetragen ist. Was aber macht dieses Menschsein aus, das man gerade mit dem (christlichen) Pilgern vollzieht? Und wie sieht ein Pilgern aus, das dem entspricht? »Du hast uns zu dir hin geschaffen, und unser Herz ist unruhig, bis es Ruhe findet in dir.« Augustinus erkennt den Menschen als einen, der sich ausstreckt, der offen ist nach vorn, der sich noch nicht hat, sondern erst findet. Unruhig ist der Mensch, weil er noch nicht da ist, wo er hingehört: bei Gott. Unruhe ist darum nicht Ausdruck fehlenden Glaubens, sondern erwartungsvolles Ausstrecken. Christen glauben, dass der Mensch offen und auf Zukunft hin angelegt ist.

Diese Sehnsucht nach dem Ziel prägt das ganze Leben. Das lateinische *peregrinus* heißt ursprünglich Fremder, Ausländer, Asylant. Wer ohne Heimat lebt, dem fehlt ein schützendes Dach über dem Kopf, der hat nichts, wo er ohne sich rechtfertigen zu müssen selbstverständlich da sein und sich geborgen fühlen kann. Er ist in jeder Hinsicht unbehaust oder – wie es in alten Texten immer wieder heißt – nackt. Nichts wünscht er sich sehnlicher, als endlich Schutz, Ruhe und Heimat zu finden.

Die ersten Christen haben sich ganz in dieser Spannung empfunden: Diese Welt ist und bleibt uns fremd, aber wir vertrauen auf die Heimat, die uns versprochen ist: »*Gäste und Fremdlinge sind wir auf Erden. Wir streben zu einem besseren Vaterland, nämlich dem himmlischen*« (Hebr 11,13.16). Das ganze irdische Leben ist der Mensch unterwegs. Die wahre Heimat kommt erst noch. Und wer sich hier schon fest einrichtet, der verpasst das Beste, der gibt sich mit viel zu wenig zufrieden.

Vorbild dieser Lebenshaltung ist Abraham: »*Durch den Glauben ist er ein Fremdling gewesen im Land der Verheißung wie in einem fremden Land und wohnte in Zelten ... Denn er wartete auf die Stadt, die einen festen Grund hat*« (Hebr 11,9 f.). Auf Gottes Zusage hin verlässt er das Zweistromland und muss als Fremder in Zelten umherziehen. Sein Vertrauen ist so stark, dass er selbst dann nicht zu suchen aufgibt, als er zeitlebens nicht ans Ziel kommt, denn: »*Wir wandeln im Glauben und nicht im Schauen*« (2. Kor 5,7).

So zu leben ist eine große Herausforderung. Das Eigentliche nicht in der Hand zu haben, sich immer weiter auszustrecken – da kann einem der Mut sinken und die Kraft verloren gehen. »*Lasst uns laufen mit Geduld in dem Kampf, der uns bestimmt ist*«, spornt der Hebräerbrief an (12,1). Viele, die ihr ganzes Leben als Pilgerweg zu Gott gelebt haben, fanden Kraft im Vorbild Jesu. Er hatte nichts, »*wo er sein Haupt hinlege*« (Lk 9,58), um unser Fremdsein in dieser Welt mit uns zu teilen. Und er fordert Unbehaustheit auch von seinen Anhängern: »*Tragt keinen Geldbeutel bei euch, keine Tasche und keine Schuhe*« (Lk 10,4). Bewusst verzichten sie auf Sicherheit, um frei und offen zu sein für das, was auf sie zukommt. So öffnet sich auch jeder, der betet, für das, was kommt. Er legt sein Leben in die Hände dessen, der alles Verstehen übersteigt. Er gibt sich aus der Hand, riskiert sich selbst.

Gott weiß, dass radikale Sehnsucht nach ihm überfordert. Darum geht er uns entgegen – nicht um uns das Gehen zu ersparen, sondern um unseren Schritten zur Seite zu stehen. Pilger erleben Gottes ausgestreckte Hand im geteilten Essen und in der gastfreundlichen Herberge, im trostreichen Wort und im stärkenden Segen. Gott gibt, was wir brauchen, damit wir nicht aufhören zu hoffen, zu gehen, zu suchen.

## VOLLER SEHNSUCHT • HERAUSFORDERND PILGERN

Wer seiner Sehnsucht folgen und sie stärken will, der wird sein Pilgern entsprechend gestalten: Er will sein Leben aus den Routinen des Alltags freimachen und sich für das noch Ausstehende öffnen. Dann wird Pilgern Heimweh und Fernweh zugleich: Der Pilger möchte zu sich kommen und zugleich nicht bei sich stehen bleiben. Er sucht das Andere, den Anderen. Abstand gewinnen möchte er von den Dingen des Alltags, von der Familie, von Freunden und ihren Erwartungen, von Zwängen und Vorstellungen und letztlich von sich selbst. Distanz zum Gewohnten ist entscheidend für dieses Pilgern. Wie die Distanz vom Alltag konkret aussieht, ist bei jedem Pilger anders. Aber die Erfahrung zeigt, was vielen Pilgern hilft, sich für das Neue zu öffnen:

» Rucksack packen: *Einpacken und aussortieren – was brauche ich wirklich und was nicht? Gelingt es mir, ohne unnötigen Ballast unterwegs zu sein?*
» Motivation klären: *Suche ich überhaupt etwas? Bin ich bereit, dafür etwas aufzugeben?*

- Abschied nehmen: *Ich bereite meine Reise so vor, dass Alltag, Beruf und Familie auch ohne mich zurechtkommen – ich kann guten Gewissens aufbrechen.*
- Sich aus der Hand geben: *Statt zu machen, was mir gerade in den Sinn kommt, vertraue ich mich den Regeln des Pilgerns an. Das macht mich frei von mir selbst.*
- Gewohnheiten aufgeben: *Ich lasse mich auf das Fremde ein, Massenquartier statt Einzelzimmer, Handwäsche statt Waschmaschine.*
- Offen sein: *Ich vertraue mich anderen an, gerade auch meine Schwächen, Ängste und Fragen.*
- Vom Unverfügbaren leben: *Ich sichere mich nicht gegen alles ab. Wertvoller als das reservierte Bett im Hotel ist die unerwartete Matratze. Ich probiere aus, wie es ist, auf andere angewiesen zu sein.*
- Andacht halten: *Nicht nur meine Füße sollen auf den Weg gebracht werden, auch Geist und Seele. Ich höre auf Gott, zumindest versuchsweise.*
- Sich Herausforderungen stellen: *Ich verzichte auf Sicherheit und wähle die Etappen so lang, dass sie ein Risiko sind. Nur durch Übung wächst Vertrauen.*

## GedankenGang

Bedenke die symbolische Bedeutung von Tasche und Stab: Vergegenwärtige dir noch einmal deine Vorbereitung auf das Pilgern – wo ist es eng geworden, ist es dir schwergefallen, etwas zurückzulassen? Wie willst du in der kommenden Zeit offen und freigiebig sein? Welche Laster und Versuchungen fürchtest du unterwegs und wie kannst du mit ihnen umgehen?

## Abend

Seit alters her hat die Ausrüstung für die Pilger auch eine geistliche Qualität gewonnen. Sie ließen sich ihre Tasche (für uns: den Rucksack), überreichen mit den Worten: »Im Namen unseres Herrn Jesus Christus. Nimm diese Tasche als Zeichen deiner Pilgerschaft. Sie erinnere dich daran, dass du dich als wahrer Pilger verhältst, damit du geläutert und befreit zum Ziel gelangen mögest, und kehre nach Vollendung deines Weges unversehrt mit Freude zu uns zurück.«

Dann wurde der Stab überreicht: »Nimm diesen Stab zur Unterstützung deiner Reise und deiner Mühen für deinen Pilgerweg. Er diene dir als Stütze auf dem Weg und erleichtere dir die Beschwernisse des Gehens, damit du alle Hindernisse überwinden kannst, sicher zum Ziel gelangst und nach Vollendung deiner Fahrt zu uns mit Freude zurückkehrest. Dies gewähre Gott, der lebt und herrscht von Ewigkeit zu Ewigkeit. Amen.«

Sprich dir diese Worte zu Beginn zu oder noch besser: Vielleicht findest du jemanden, der dich mit deiner Ausrüstung zum Aufbruch segnet?

## Morgen

Wir suchen Sicherheit. Ich versichere mein Auto. Bevor ich einen Ausflug mache, checke ich, ob das Wetter hält. Wenn ich etwas kaufe, schaue ich Tests an. Es ist schwer, sich aus der Hand zu geben. Genau das üben wir beim Pilgern ein.

Aber auch beim Pilgern schleicht sich leicht unser Sicherheitsbedürfnis ein: Pilgerführer studieren und Empfehlungen einholen, Übernachtungen reservieren und Reiseberichte lesen, damit man schon vorher weiß, wo man was wie tun und erleben kann. Wer will schon etwas verpassen oder ohne Bett oder Essen dastehen?

Als der Prototyp aller Pilger aufbrach, geschah das ohne Versicherung, aber so, dass er vieles loslassen musste. Gott sagt zu Abraham: »*Geh aus deinem Vaterland und von deiner Verwandtschaft und aus deines Vaters Hause in ein Land, das ich dir zeigen will*« (1. Mo 12,1).

Abraham bricht auf, ohne dass Gott ihm ein klares Ziel nennt oder präzise Zusagen macht. Abraham weiß weder, wohin die Reise geht, noch wie lange sie dauert. Er weiß nicht, wo er unterwegs übernachtet, was er an Ausrüstung braucht oder ob das Ziel den Aufwand lohnt. Abraham steht mit leeren Händen da. Er weiß nur, was er zurücklassen und aufgeben muss. Aufgeben muss er seine Heimat, wo er sich auskennt und die Sprache spricht, bekannt ist, etwas zählt und wo er Rechte hat. Und er muss seine Herkunftsfamilie zurücklassen, in der er verwurzelt ist und die ihm ein sicherer Unterschlupf ist und wo die Menschen sind, die ihm am Herzen liegen. Gott sagt sehr klar, was Abraham aufgeben muss – und das ist sehr viel.

## Gebet

*Ich mache mich auf den Weg,*
*Gott, Schritt für Schritt.*
*Hilf meinen zaghaften Schritten,*
*die sich vortasten, dass ihr Vertrauen wächst.*
*Hilf meinen mutigen Schritten,*
*dass sie ihr Ziel nicht verfehlen.*
*Dir, Gott, will ich mich anvertrauen,*
*der du mir Ziel und Weg bist.*

## GedankenGang

Wärst du an Abrahams Stelle aufgebrochen? Warum? Was hält dich zurück, was hilft dir aufzubrechen?

## Abend

Gott sagt nicht, was Abraham dafür bekommt, dass er fast alles zurücklassen und aufgeben muss. Nur eines verspricht Gott ihm: »Ich will dich segnen und du wirst ein Segen sein.«

Völlig unkonkret ist das, bleibt vage. Abraham weiß nur, dass Gott für ihn sorgen wird, aber nicht, wie das geschehen wird. Aber Gott verspricht, dass Abraham mehr als seinen Einsatz gewinnen wird: Stammvater eines großen und mächtigen Volkes soll er werden, an dem deutlich wird, was Gottes Segen ist.

Abraham genügt dieser Segen, um alles aufzugeben, um ins Ungewisse aufzubrechen. Für dieses Gottvertrauen wird er noch im Neuen Testament als Vorbild gelobt: »*Durch den Glauben wurde Abraham gehorsam, als er berufen wurde, ... und er zog aus und wusste nicht, wo er hinkäme. Durch den Glauben ist er ein Fremdling gewesen im Land der Verheißung wie in einem fremden Land und wohnte in Zelten ... Denn er wartete auf die Stadt, die einen festen Grund hat*« (Hebr 11,8-10). Nicht einmal am Ziel kommt Abraham zur Ruhe und kann sich niederlassen. Er lebt weiterhin unterwegs, in Zelten. Er hat gelernt: Mit Gott komme ich nicht an, sondern bleibe auf dem Weg. Die Heimat liegt vor mir.

Als Pilger in den Fußstapfen Abrahams übst du dieses Vertrauen des heimatlosen Nomaden ein. Das kannst du, wenn du Gottes Segen im Gepäck hast.

Der bekannteste Pilgersegen wird seit bald 1000 Jahren jeden Abend im Kloster Roncesvalles am Jakobsweg in den Pyrenäen gespendet. Mit ihm stellst du dich in die lange Tradition der VorgängerInnen und Mitpilgernden, denen Gottes Segen mehr war, als alle eigenen Absicherungen:

*Gott, der du deinen Diener Abraham*
*aus der Stadt Ur in Chaldäa herausgeholt*
*und ihn auf seiner Pilgerreise beschützt hast,*
*der du der Begleiter des hebräischen Volkes*
*durch die Wüste warst, wir bitten dich,*
*dass du diesen deinen Diener beschützen mögest,*

*der aus Liebe zu deinem Namen auf Pilgerfahrt geht.*
*Sei ihm Gefährte und Führer auf dem Weg,*
*Labsal in der Ermattung, Verteidigung in Gefahren,*
*Herberge auf dem Weg, Trost in der Mutlosigkeit*
*und Festigkeit in seinen Vorsätzen,*
*damit er durch deine Führung*
*frisch und gesund am Ziel seines Weges ankommt*
*und damit er bereichert an Gnade und Tugenden*
*unversehrt in seine Heimat zurückkehrt,*
*erfüllt von immerwährender Freude und Frieden.*
*Durch Jesus Christus, unseren Herrn.*

## ANFANGEN

### Morgen

Auch der längste Weg beginnt mit dem ersten Schritt – und schon vor dem ersten Schritt: Urlaub nehmen, Route planen, Rucksack packen, Schreibtisch aufräumen, Blumen und Hund versorgen ... Jetzt spürst du deutlich den neuen Anfang. Jetzt bist du auf dem Pilgerweg. Gleich kommt der erste Schritt zu Fuß, als Pilger.

Viel weites Land liegt vor dir: Wege und Umwege, Gott und Rotwein, alte Kirchen und weidende Kühe, Sonne und Gegenwind, heißer Kaffee und kühles Bier, rasten und schwitzen, die Tiefe deines Herzens und die Weite des Blicks ... Ja, unermesslich viel liegt vor dir – und es ist gut, Gott zu glauben, dass er es dir im Schönen wie im Schweren zum Guten gedeihen lässt.

Immer schon haben Menschen gestaunt, dass sie in der Weite der Welt nicht untergehen. Im Alltag fällt das oft nicht auf: Alles ist durchgeplant, hat seine Regeln und Routinen. Beim Pilgern ist das anders: Ganz viel Freiraum liegt vor dir. Weite, noch unbekannte Etappen, neue Menschen und unerwartete Situationen. Es kann viel schiefgehen, es kann etwas Besonderes werden, es kann ganz anders kommen ...

Immer schon haben Menschen gestaunt, dass sie in der Weite der Welt nicht untergehen. Staune mit ihnen, bete ihre Worte mit:

*Wenn ich unterwegs bin, begleitest du mich.*
*Im Tun und Ruhn bist du bei mir und siehst meine Wege.*
*Es gibt keinen Ort, an dem du nicht bei mir bist,*
*keine Minute, in der du mich nicht hältst.*
*Das ist gut zu wissen, ich sollte mich öfter daran erinnern,*
*davon singen und lesen, zu dir beten.*
*Ewig und unfassbar bist du,*
*wie ich auch die Sandkörner am Strand nicht zählen kann;*
*dennoch bin ich gewiss: Immer bin ich bei dir geborgen.*
*Sogar wenn ich dir aus dem Weg gehen wollte – wohin denn?*
*Dir kann ich nicht entrinnen,*
*du bist ja immer und überall da.*
*Selbst am Ende der Welt lässt du mich nicht fallen,*
*ich kann gar nicht verloren gehen.*
*Von allen Seiten umgibst du mich,*
*ich bin in deiner Hand,*
*vom ersten bis zum letzten Schritt.*

*Danke, dass du immer bei mir bist,*
*heute, morgen und bei jedem Schritt auf meinem Weg.*
(nach Psalm 139)

### GedankenGang

Macht dir Unbestimmt-Offenes eher Angst – oder gibt es dir Schwung? An welchem Wort des Psalmgebets bleibst du hängen? Achte unterwegs auf Zeichen Gottes, die zu deinem Psalmwort passen.

### Abend

Die Zeit, der Weg, die vor dir liegenden Ereignisse sind nicht uferloses Verlorensein. Die Weite hat einen Halt. Deine Freiheit ist geborgen in Gott. Gott ist wie ein Standbein, das dir erlaubt, Spielbein zu sein. Bete noch einmal den Psalm – gibt er deinem Spielbein Halt?

## IN DEINE HAND, GOTT

### Morgen

Du bist vorbereitet, hast geplant und trainiert, aber jetzt wird es ernst, aus dem Gedankenspiel wird Wirklichkeit. Tatsächlich kann manches passieren: Du hast zu viel Essen eingepackt oder zu wenig Trinken, verknackst dir den Fuß oder verläufst dich, hast das Handtuch vergessen oder dir geht am Berg die Puste aus ...

Tatsächlich, vieles kann schiefgehen und das kann dein Herz beschweren. Wenn wir die Sache nicht überblicken können, dann legen wir sie Gott in die Hand:

*Bist du auch heute wieder da*
*und hast ein Auge auf mich, Gott?*
*Zeige dich mir,*
*dann will ich antworten:*
*Gott, auf dich setze ich meine Hoffnung,*
*beschützt wie in einer Burg bin ich bei dir.*
*Du bist mein Gott und meine Augen richten sich auf dich.*
*Wenn die anderen hinter mir her sind –*
*bei dir finde ich Ruhe.*
*Ich kann zu mir finden, weil du zu mir gekommen bist.*
*Deine Wahrheit umgibt mich wie eine schützende Schicht.*
*Wenn ich abends schon Angst vor dem Morgen habe,*
*dann schickst du mir Engel,*
*und ich fühle mich getragen auf allen meinen Wegen –*
*über keinen Stein werde ich stolpern.*
*Was kann mir da noch passieren?*
*Du bist ja mächtiger als alles Unheil.*
*Du weißt, wie sehr ich dich brauche,*
*darum umgibst du mich, wenn es schwer wird.*
*Du stillst meinen Lebenshunger*
*und erfüllst meine Sehnsucht.*
(nach Psalm 91)

## GedankenGang

Nimm dir eine Zeile und notiere sie dir auf einem Zettel für die Hosentasche. Meditiere diese eine Zeile unterwegs, bis sie in dir Wurzeln geschlagen hat.

## Abend

Wenn ich nicht überblicke, wohin der Weg geht, dann ist es gut, sich gerufen zu wissen von dem, der den Weg kennt, der ihn verantworten kann, von Gott. Er soll mir die Hand entgegenstrecken. Sein Licht soll von vorne den Weg ausleuchten. Der mich ruft, soll mich auch segnen:

## Segen

*Segne mich mit einem Wort,*
*das mich zu dir ruft.*
*Segne mich mit Unruhe,*
*die erwartungsvoll auf dich zugeht.*
*Segne mich mit Sehnsucht,*
*die gerne aufbricht.*
*Segne meinen ersten Schritt,*
*dass er Mut macht weiterzugehen.*
*Segne die, denen ich begegne,*
*dass wir einander die Lust wecken, auszuschreiten.*
*Segne meinen Weg mit dir,*
*leuchtend von vorn und stärkend zur Seite.*

# UNRUHE

## Morgen

Wenn die ersten Sonnenstrahlen über dem Horizont auftauchen, ist das wie ein Versprechen: Heute ist ein neuer Tag. Ganz frisch und unverbraucht ist er und ruft: Nichts wie rein in die Welt, es gibt so viele Blumen zu riechen und Menschen zu treffen, Berge zu erklimmen und Kirchen zu besuchen. So viel ist heute möglich.

Also schnell Rucksack gepackt, Kaffee getrunken und Brote geschmiert – die können auch im Laufen gegessen werden. Die Füße werden zappelig, wollen hinaus auf den Weg. Hinaus aus dem Haus, auf zu neuen Horizonten.

Unruhe kann etwas Wunderbares sein, eine Sehnsucht, die nach vorne zieht. Die kleine Neugierde auf den Tag und seine Möglichkeiten – und die große Sehnsucht nach Gottes neuer Welt. Unruhe, weil unsere Welt noch nicht so ist, wie sie einmal sein wird.

Von dieser Unruhe, die der Motor unseres Lebens ist, spricht Augustinus: »Unruhig ist unser Herz, bis es ruht in dir.« So ist der Mensch, das macht ihn aus: »Du hast uns zu dir hin geschaffen, und unser Herz ist unruhig, bis es Ruhe findet in dir.« Gott als Schöpfer meines unruhigen Herzens. Ja, dein unruhig suchendes Herz ist ein Segen, weil es mehr erhofft und ersehnt, als dir die Welt schenkt. Deine Unruhe hat ein großes Ziel: Gott.

## Gebet

*Lass mich nicht müde werden, Gott,*
*zufrieden mit der kleinen Münze des Realistischen.*
*Hole mich heraus aus dem Gefängnis meiner Trägheit*
*und wecke die Lust an dem, was du möglich machst.*
*Gib mir langen Atem und einen weiten Horizont,*
*der den Frieden sucht, der höher als alle Vernunft ist.*

## GedankenGang

Was kannst du heute tun, um deine Unruhe zu stärken? Wie kann die kleine Neugierde über sich hinausweisen und zur Sehnsucht nach Gottes neuer Welt werden?

## Abend

Die ersten Christen wurden Anhänger des neuen Wegs genannt. Auf dem Weg sein heißt: Ich bin auf der Suche, da steht noch etwas aus. In einer sesshaften Welt muss das immer wieder eingeprägt werden, sonst geht die suchende Unruhe verloren. Darum ruft Jesus auch in die Nachfolge.

Jesus antwortete jemandem, der ihm nachfolgen wollte: »*Die Füchse haben Gruben und die Vögel unter dem Himmel haben Nester; aber der Menschensohn hat nichts, wo er sein Haupt hinlege*« (Lk 9,58).

Als ob Jesus der menschlichen Trägheit vorbeugen möchte: Nur ja keinen Ruhepunkt schaffen. Auch Franziskus hat seinen Brüdern verboten, eigene Häuser zu besitzen. Ein festes Zuhause hält davon ab, in die Welt hinauszugehen. Besitz hält das Herz zurück, denn wer etwas zu verlieren hat, tut sich schwerer aufzubrechen.

Auch darum schärft der Hebräerbrief ein: Abraham, Isaak und Jakob, die zeitlebens zu Gott unterwegs waren, »*bekannten, dass sie Gäste und Fremde auf Erden sind. ... Sie streben zu einem besseren Land, nämlich dem himmlischen. ... Denn Gott hat ihnen eine Stadt gebaut*« (Hebr 11,13.16). »*Es ist aber der Glaube eine feste Zuversicht dessen, was man hofft, und ein Nichtzweifeln an dem, was man nicht sieht*« (Hebr 11,1).

## Gebet

*Gott, du hast mich ans Ziel dieses Tages geführt.*
*Mit dir bin ich gegangen zu dir.*

*Danke für alle Führung, die du mir gegeben hast,*
*für Wegzehrung, die mich gestärkt hat,*
*für Orientierung bis hier und weiter zu dir.*

*Lass mich Heimat finden, Orte zum Kraft-Schöpfen,*
*schon jetzt,*
*und doch nicht müde werden auf dem Weg zu dir,*
*der du all meine Gedanken übersteigst, mir immer voraus bist.*
*Sei du das Ziel aller meiner Wege.*
*Bleibe bei mir und allen Pilgern,*
*dass unsere Lebenswege führen zu dir.*

# Jakob · auf Umwegen

## DEN SPIEGEL VORGEHALTEN BEKOMMEN

1. Mose 25–29

### Morgen

Der kleine Bruder – immer steht er im Schatten des großen. Das nagende Gefühl: »Ich komme zu kurz. Immer werde ich übersehen. Und wenn sonst keiner auf mich sieht, muss ich eben selbst auf mich sehen.«

Jakob, der kleine Bruder Esaus – wer immer im Schatten steht, muss aufpassen, dass er vorkommt, dass er seine Selbstachtung behält. Der kleine Bruder hat gute Gründe, das Seine zu nehmen, wenn er es nicht von selbst bekommt. Jakob hat gute Gründe, seinen großen Bruder um den Segen des Vaters zu betrügen, der über Lebenschancen entscheidet: »Jetzt bin ich auch mal dran. Und wenn es sein muss, wenn es anders nicht geht, dann eben durch Hinterlist, indem ich Bruder und Vater hintergehe.«

Nur dass Jakob mit seinem Segen nicht recht glücklich wird. Die Lebenschancen, die er sich beschaffen wollte, hat er sich zugleich weggenommen: Das Verhältnis zu seinem Vater und seinem Bruder Esau ist zerstört. Der neue Besitz, der Segen, wird zur Quelle des

Streits und der Angst. Jakob muss fliehen, damit Esau ihn nicht tötet.

### GedankenGang

> Wenn du zu kurz kommst, wie reagierst du? Wirst du neidisch und missgünstig? Wartest du ab, oder nimmst du dir, was du brauchst? Bist du damit glücklich geworden?

### Abend

Jakob sorgt für sich – er nimmt sich, was ihm andere nicht von selbst geben. Dann gibt es Streit und er muss fliehen und kommt bei seinem Onkel Laban unter. Dort verliebt er sich in dessen hübsche Tochter Rahel. Sieben Jahre muss er für sie schuften, so fordert es der Onkel. Aber das ist sie ihm wert. Dann kommt es zur Hochzeit – und erschreckt muss Jakob feststellen, dass er nicht die geliebte Rahel, sondern die ältere und weniger begehrenswerte Schwester Lea zur Frau bekommen hat. Wutentbrannt stellt er Laban zur Rede, aber der rechtfertigt sich: »Ich musste doch zuerst die ältere Tochter versorgen, sonst hätte ich die ewig im Haus gehabt. Aber diene mir weitere sieben Jahre, dann sollst du deine Rahel bekommen.«

Jakob bekommt den Spiegel vorgehalten. Er erkennt sich in Laban wieder. Wie Laban hat auch er sich genommen, was er brauchte. Und Jakob erkennt sich in Esau wieder: Wie schwer ist es, betrogen zu werden. Wie weh tut es, hintergangen zu werden von einem Menschen, der einem nahesteht.

Jakob bekommt Angst: Er hat Esau um seine Chancen betrogen – wird der nicht zu den gleichen Waffen greifen, mit denen sein Bruder sich durchgesetzt hat? Eine Spirale des Betrügens und des Vertrauensverlusts.

Jakob wird der Spiegel vorgehalten. Es hat lange gedauert, bis er erkennt, was er angerichtet hat. Nun lässt er sich auf die zweiten sieben Jahre Dienen ein. Umkehr braucht Zeit, Einsicht muss reifen. Buße heißt durchleben: am eigenen Leib erfahren, was man angerichtet hat. Die mühsam gewonnene Erfahrung soll sich einnisten können.

Können wir nicht einfach darauf verzichten, uns selbst durchsetzen zu müssen? Das wäre zu viel erwartet. Zu tief ist die Sorge um uns selbst in uns drin. Aber wir können wie Jakob ehrlich werden und uns wach halten dafür, wie wir sind. Wir können Buße üben. Das macht uns demütig: bescheiden gegenüber uns selbst und barmherzig und geduldig gegenüber anderen.

## Gebet

*Manchmal verzweifle ich an der Welt, Gott,*
*wenn alle gut wegkommen, nur ich komme zu kurz,*
*wenn ich den Eindruck habe:*
*Keiner sorgt für mich, wenn nicht ich selbst.*

*Manchmal könnte ich an mir verzweifeln, Gott,*
*wenn ich wieder einmal auf Kosten anderer gelebt habe,*
*wenn mein vermeintlich gutes Recht*
*das Recht der anderen verletzt.*

*Manchmal sehe ich mich im Spiegel, Gott,*
*dass ich auch nicht anders bin, obwohl ich es wollte,*
*dass ich mitmache, was Vertrauen und Gemeinschaft zerstört.*

*Bleibe bei mir, Gott, wenn ich über mich erschrecke.*
*Gib mir die Kraft zur Ehrlichkeit gegenüber mir selbst,*
*dass ich geduldig werde mit anderen, die wie ich sind.*
*Nimm mich an der Hand und hilf mir umzukehren,*
*damit ich mir und meinem Nächsten*
*wieder ins Gesicht schauen kann.*

## ÜBERRASCHT WERDEN

1. Mose 28,10–22

### Morgen

Jakob ist unterwegs durch die Wüste, unwegsames Gelände, kein Mensch, kein Tier, nichts, woran die umherschwirrenden Gedanken Halt finden. Die Gegend ist ihm fremd, gibt ihm keinen Halt – Jakob ist auf sich gestellt.

So sehr er sich auch müht: Irgendwann wird es Abend und er muss sich schlafen legen. Hier oder dort, jetzt oder noch einen Kilometer weiter? Gute Gründe für das eine oder das andere gibt es nicht. Ohne Halt durch Erfahrungen und Gewohnheiten, ohne Orientierung durch Landkarten und Ratgeber macht Jakob stopp, markiert den Ort durch einen Stein und legt sich nieder. Er markiert ihn, als wolle er gegen das Unbestimmte der Situation demonstrieren: »Ich weiß nicht, warum ich gerade hier haltmache, aber ich lasse mich darauf ein.«

Gerade an diesem willkürlich-beliebigen Ort kommt ihm ein Traum: eine Leiter zwischen Himmel und Erde, auf der die Engel auf- und absteigen, und oben steht Gott und verspricht Jakob Schutz und Segen, Leben in Fülle. Gerade hier, wo Jakob nichts gesucht und nichts erhofft hat. Gerade hier erlebt er, wie Himmel und Erde sich nahekommen, wie Mensch und Gott miteinander sprechen. Gerade hier in diesem trostlosen Einerlei der Wüste, wo nichts dafürspricht, dass das Leben sich zu Wort meldet.

Mich tröstet das, weil ich oft nicht weiß, wo und wie ich Gott finde, weil ich oft weder Kraft noch Orientierung zum Suchen habe. Gott findet Jakob, nicht umgekehrt. Mich tröstet zu wissen: Manchmal kommt Gott gerade da, wo ich ihn am wenigsten erwarte.

## Gebet

*Gott, oft weiß ich nicht, wo es weitergehen soll.*
*Hierhin oder dorthin, dies oder das –*
*woher soll ich wissen, was gut ist?*
*Alles scheint mir egal, gleich-gültig.*

*Was ich nicht weiß, überblickst du.*
*Wo ich mich nicht entscheiden kann,*
*hilfst du, das Wesentliche zu erkennen.*

*Wo ich nichts ausrichten kann, kennst du einen Weg.*
*Dir will ich mich anvertrauen.*
*Gib meinem Vertrauen recht.*

## GedankenGang

Dein Pilgerweg ist ein endloser Strom von Eindrücken – hast du irgendwo gespürt: Bei diesem Eindruck möchte ich wie Jakob meinen Stein aufrichten, einen Anker werfen, wie um ihn festzumachen? Was ist dir in Erinnerung geblieben, etwas Besonderes für dich geworden? Haben sich dort Himmel und Erde berührt?

## Abend

Einen Stein legt Jakob unter seinen Kopf. Unterwegs im Nirgendwo der Wüste findet er einen Ort, den er zu seinem Ort macht. Er legt einen Grundstein, den Anfang eines Hauses: Hier bin ich zu Hause – erst einmal für eine Nacht. Daraus wird Bethel, »Haus Gottes« – so nennt Jakob den Ort. Mitten in der Wüste entsteht ein Haus Gottes. Auch Jakob ist überrascht: *»Fürwahr, der Herr ist an dieser Stätte, und ich wusste es nicht! ... Wie heilig ist diese Stätte! Hier ist nichts anderes als Gottes Haus, und hier ist die Pforte des Himmels«* (1. Mo 28,16 f.).

Die Pforte des Himmels – eine Tür, die Zugang verschafft, vielleicht nur einen Spaltbreit offen, aber der Blick ist frei und fasziniert. Jakob gewinnt eine Ahnung, er gerät ins Staunen: Wie großartig ist Gott! Hier berühren sich Himmel und Erde. Die Erde ist geöffnet für eine andere Wirklichkeit.

Jakob bleibt auf der Erde, aber die Erde ist plötzlich weiter, offener, mehr als sie selbst: Mitten auf dieser Erde gewinnt er eine Ahnung von dem, was auch noch möglich ist.

Das erlebt Jakob unterwegs, unter freiem Himmel, als er seinen Alltag verlässt, vertraute Denkmuster und Rollen aufgibt und sich hinauswagt in die Wüste. Ich bin mir sicher, dass Jakob am nächsten Morgen anders aufsteht, mit beiden Beinen auf der Erde, aber die Seele im Himmel, offen für Gottes Größe.

Jeder Kirchenraum ist so ein Bethel, Haus Gottes, gesegnete Steine, die dich erinnern: Hier haben vor uns Menschen einen offenen Himmel gesehen und sind Gott begegnet. Aus der Erinnerung kann die Erwartung werden: Gott hat sich gezeigt und er wird sich wieder zeigen – es ist möglich und ich gebe die Hoffnung nicht auf.

## KAMPF UND VERSÖHNUNG

1. Mose 32

### Morgen

Die Zeit vergeht und Jakob geht es gut. Er hat, was er zum Leben braucht, ist erfolgreich und zufrieden. Der Streit mit Esau, der Traum mit der Himmelsleiter, der lange Dienst für Lea und Rahel – all das ist lange her. Längst vergangen, aber nicht vergessen. In ihm drin steckt noch ein Stachel im Fleisch, der Schmerz, seinen Vater Isaak und seinen Bruder Esau betrogen zu haben. Sein Leben ist gebaut auf Hinterlist und Betrug – dieser Gedanke lässt Jakob keine Ruhe. Tief unter der zufriedenen Oberfläche nagt es an Jakob, er wird diese Schuld nicht los.

Bis der Wunsch, davon frei zu werden, stark genug ist, ihn auf den Weg zu bringen. Voller Angst vor Esaus Zorn und später Rache macht er sich auf den Weg zu seinem Bruder. Wie oft mag Jakob unterwegs überlegt haben umzukehren? Ist die Versöhnung dieses Risiko wert? Soll ich alte Wunden wieder öffnen? Wohin führt mein Weg der Versöhnung?

Wie gut ist nachvollziehbar, dass Jakob Kundschafter vorausschickt. Aber deren Bericht beunruhigt ihn noch mehr: Esau zieht ihm mit 400 bewaffneten Männern entgegen. Jakob bringt seine Familie in Sicherheit, aber er selbst muss weiter. Nun gibt es kein Zurück mehr, er muss sich seinem Bruder und damit seiner Schuld stellen. Alleine durchquert er die Furt des Flusses Jabbok, die ihn von seinem Bruder, seinem früheren Leben, trennt.

Immer schon hat Pilgern mit Schuld und Erlösung zu tun gehabt. Die Zeit unterwegs gibt Raum, sich auch dem zu stellen, wozu ich zu Hause keine Zeit habe oder haben will. Zeit, unter die Oberfläche zu gehen, nach der Wunde in meiner Seele zu suchen, an der ich mich unbemerkt reibe. Wer könnte von sich sagen, dass er sie nicht hat? Pilger kennen auch die Versuchung wegzurennen und den mühsamen Fragen aus dem Weg zu gehen. Sie lenken sich mit praktischen Fragen ab oder zerstreuen sich mit diesem und jenem links und rechts des Weges. Wie können sie wie Jakob die Furt des Jabbok durchschreiten, wo es nur noch vorwärts weitergeht?

## Gebet

*Du, Gott, schaust mir tiefer ins Herz, als ich selber es kann.*
*Du weißt, was ich nur ahne oder wovor ich mich drücke.*
*Erlöse von allen Wunden und aller Trauer*
*mich und alle, an denen ich schuldig geworden bin.*
*Stärke mir den Rücken,*
*wenn ich vor mir selbst Angst bekomme.*
*Zeige mir den Weg,*
*damit meine stockenden Schritte weiter vorangehen.*
*Habe ein offenes Ohr für alles,*
*was ich dir anvertraue*
*und verwandle die Last in Segen. Erlöse mich.*

## GedankenGang

Wer an seine wunden Stellen geht, kann erlöst werden. Er wird frei für das, was kommt. Was schmerzt dich und macht dir zu schaffen? Wo hast du anderen geschadet oder leidest, weil du anderen nicht vergeben kannst? Und wenn du es ihnen nicht sagen kannst, kannst du es Gott anvertrauen?

## Abend

Jakob am Jabbok-Fluss, der die Vergangenheit von der Zukunft trennt. Über diese Grenze kann er nur allein gehen. Es ist dunkel, stockfinstere Nacht. Er übersieht nicht, wohin ihn dieser Weg führt. Da stellt sich ihm ein Mann – er erkennt ihn in der Dunkelheit nicht – in den Weg. Jakob beginnt einen Ringkampf mit ihm.

Ist es Jakob, der sich sich selbst in den Weg stellt? Ist dieser Mann sein eigener Schatten, seine Angst – ein letzter Versuch, ihn zurückzuhalten, ihn abzuhalten von dem mutigen Schritt nach vorn?

Zum Glück ist auf dem langen Weg Jakobs Kraft gewachsen. Er gibt nicht klein bei, sondern stellt sich dem Mann, ringt mit ihm bis zum Morgengrauen, bis dieser Schatten-Mann aufgibt. Jakob setzt sich durch – und fordert auch noch den Segen: »*Ich lasse dich nicht, du segnest mich denn.*« Sein Durchhaltevermögen wird ihm zum Segen. Er ist ein neuer Mensch: »*Israel sollst du heißen, Gotteskämpfer, denn du hast mit Gott und mit Menschen gekämpft und hast gewonnen.*« Gewachsen an den Widerständen, gereift an der Herausforderung ist Jakob erlöst. Der Schatten-Mann, der ihn zum Ringen zwingt, ist ihm wie ein Engel geworden.

Nun hat Jakob keine Angst mehr vor dem Treffen mit seinem Bruder Esau. Und es wird viel einfacher, als er erwartet hatte: Esau kommt ihm entgegen und empfängt ihn mit offenen Armen, voller Freude, dass sein Bruder den Weg zu ihm geschafft hat. Ob Esau ihm noch zornig ist und Vergeltung fordert – diese Frage ist hinfällig. Beide sind versöhnt. Das größte Hindernis zur Versöhnung war nicht der andere, sondern Jakob selbst, dass er seine Angst und seine inneren Widerstände überwindet, auf Esau zuzugehen.

Der Streit ist beseitigt. Eines aber bleibt: Jakob behält vom Ringkampf eine Verrenkung an der Hüfte, er hinkt. Es bleibt etwas an ihm haften, eine Wunde bleibt, aber sie ist verheilt. Es ist die Erinnerung, dass Versöhnung gelingen kann. Und noch etwas bleibt, Jakobs neuer Name: Israel, Gottesstreiter. Ein neuer Name, ein neuer Mensch.

# Jona • von Gott eingeholt[1]

## GRENZEN SETZEN

Jona 1,1-3

### Morgen

Jona setzt Gott eine Grenze: »Nein, das will ich nicht, das kann ich nicht« ... weil er es falsch findet, weil er Angst hat oder weil er selbst entscheiden will? Jona setzt eine Grenze gegen Gottes Auftrag: *»Mache dich auf und geh in die große Stadt Ninive und predige wider sie.«* Aber anders als bei Abraham folgt darauf kein gehorsam-demütiges »Ja«. Lapidar heißt es: *»Jona machte sich auf den Weg, aber in die entgegengesetzte Richtung.«* Radikal entgegengesetzt: Bis ans Ende der bekannten Welt, nach Spanien, schifft er sich ein. Weg von Gott, so weit wie möglich, *»dem Herrn aus den Augen«*. Aus den Augen, aus dem Sinn.

Jona setzt eine Grenze – gegen Gott. Geht ihm Gottes Anspruch zu weit oder in die falsche Richtung, oder will er – egal wohin – selbst über sein Leben bestimmen?

## GedankenGang

Wie empfindest du Jona?

- » *Richtig so, manchmal muss man Gott und seinen Ansprüchen Grenzen setzen.*
- » *Feigling, einfach auszuweichen und wegzurennen.*
- » *Wie kann man nur so dumm sein, besser Bescheid wissen zu wollen als Gott?*

Wie ist das jetzt auf dem Pilgerweg? Überlässt du dich gerne dem Weg, seiner Richtung, seinen Herausforderungen?

## Abend

Konsequent geht Jona seinen Weg, genau in die entgegengesetzte Richtung, weg von Gott. Er schifft sich ein, nicht wie gefordert nach Ninive, sondern nach Spanien, möglichst weit weg. Das Schiff gerät in Seenot, doch Jona liegt da und schläft. Flüchtet er sich in den Schlaf? Die Mannschaft ist in Angst und stellt Jona zur Rede. Er muss zugeben, dass er auf der Flucht vor Gott ist: »*Nur meinetwegen ist dieser Sturm über euch gekommen. Darum werft mich ins Meer.*« Diesmal flieht er nicht. Er übernimmt Verantwortung. Er steht zu seiner Entscheidung und ihren Folgen. Jetzt überwindet Jona die Grenze des Menschenmöglichen, er opfert sich für die anderen.

Das beeindruckt: jemand, der die Grenze des Erwartbaren überwindet, der die Grenze des Selbsterhaltungstriebs überschreitet. Die Seeleute sind schwer beeindruckt von Jonas Konsequenz. Sie bekehren sich zu dem Gott, der die Grenzen des Menschenmöglichen nicht akzeptiert, der Jona hilft, über sich hinauszuwachsen. Gott holt Jona ein und setzt seiner Flucht eine Grenze – wie gut. Gut für Jona, der nicht mehr wegrennen muss. Gut für Gott, der erlösen kann. Gut für die Seeleute, die erfahren, wie gut ein Gott ist, der einem nachgeht.

### Gebet

*Gott, manchmal wird es mir zu viel mit dir.*
*Da möchte ich einfach meine Ruhe haben, dich loswerden.*
*Aus den Augen, aus dem Sinn möchte ich dich haben.*
*Aber dann passiert es, dass du meine Grenzen nicht akzeptierst,*
*und plötzlich wachse ich über mich hinaus.*
*Mutig übernehme ich Verantwortung.*
*Wenn ich mich dann auf dich einlasse, erfahre ich:*
*Wenn ich untergehe, dann bist du da.*
*Danke, dass du mich nicht in Ruhe lässt,*
*denn nur so kannst du dich mir als Retter zeigen.*

## UNTERGANG UND NEUBEGINN

Jona 1,4–2,11

### Morgen

Jona übernimmt Verantwortung und opfert sich, damit das Schiff erhalten bleibt. Er lässt sich über Bord werfen und »*sinkt in den Rachen des Todes*«. Tief ins Meer, wo es kein Halten gibt, wo er immer tiefer sinkt. Jonas Untergang. Mit ihm ist es am Ende.

## GedankenGang

Haltlos immer tiefer sinken – was löst diese Vorstellung in dir aus? Wie ist das jetzt unterwegs, wenn dir alles zu viel wird angesichts der langen Etappe, des schlechten Schlafs, des Wetters oder des schweren Rucksacks – fühlst du dich gelegentlich am Untergehen?

## Abend

Jona sinkt und sinkt – bis ihn ein großer Fisch verschlingt. Ist das nun das definitive Ende – verschluckt, gefressen und vergessen? Jona sitzt im Bauch des Fisches und betet:

*Als ich in Not war, schrie ich laut.*
*Ich rief zu Gott und er antwortete mir.*
*Da hast du mein lautes Schreien gehört.*
*In die Tiefe hattest du mich geworfen,*
*mitten in den Strudel der Meere hinein.*
*Alle deine Wellen und Wogen –*
*sie schlugen über mir zusammen!*
*Da dachte ich: Jetzt bin ich verloren.*
*Zum Grund der Berge bin ich hinabgestiegen –*
*du aber hast mein Leben aus dem Abgrund gezogen,*
*du Herr, du bist ja mein Gott.*
*Als ich schon ganz am Ende war,*
*erinnerte ich mich an den Herrn.*
*Mein Gebet drang durch zu dir, du bist mein Retter.*
(nach Jona 2,3–10)

Jona ist tief unten im Meer, aber im Bauch eines Fisches. Noch ist er nicht gerettet, aber er ahnt schon, dass es kommen wird. Sein Lob nimmt Gottes Rettung vorweg. Auch die tiefste Not ist kein Funkloch. Wenn der Retter mich hört, dann bin ich gerettet.

Tatsächlich: Gott hört Jonas Gebet und »*da befahl der Herr dem Fisch, ans Ufer zu schwimmen und Jona wieder auszuspucken*«.

## STRAFPREDIGT

Jona 3–4

### Morgen

Zweiter Versuch. Diesmal rennt Jona nicht weg, sondern geht nach Ninive. Groß ist die Stadt, von einem Ende zum anderen braucht man drei Tage. Beeindruckend – und beängstigend. Wie soll man da als dahergelaufener kleiner Mann auftreten. Die Machtverhältnisse sind klar. Dennoch stellt er sich hin und hält seine Strafpredigt: »*Noch 40 Tage und Ninive ist ein Trümmerhaufen.*«

Und was machen die Niniviten? Seine Predigt zeigt Wirkung. Die Niniviten kehren um, sogar der König geht in Sack und Asche. Alle sollen fasten, um Gottes Gunst zurückzugewinnen.

Und Gott? Als er ihre Umkehr sah, tat es ihm leid, sie zu vernichten. Er führte seine Drohung nicht aus.

Und Jona? Er freut sich nicht über den Erfolg seiner Predigt – nein, zornig richtet er sich an Gott: »*Du mit deiner ewigen Gnade. Von Anfang an habe ich geahnt, dass man sich auf deinen Zorn nicht verlassen kann. Deine Güte kennt keine Grenzen. Darum nimm mein Leben zurück, Herr. Sterben will ich, das ist besser als weiterleben.*«

## GedankenGang

Jona ist Gottes Güte zu grenzenlos. Er vermisst Gottes Gerechtigkeit, die die Übeltäter straft. Kannst du Jona verstehen? Jona verliert sein Gesicht, weil Gott einlenkt – hätte Gott darauf nicht Rücksicht nehmen müssen?

Wünschst du dir auch manchmal, dass Gott konsequenter in seiner Gerechtigkeit ist? Immerhin ist Ninive mächtig und ein Gegner Israels. Darf Gott Israels Gegner verschonen und damit das schwache Israel gefährden? Sollte Gott nicht mehr für die Schwachen kämpfen?

## Abend

Gott verschont das reuige Ninive. Jona mault. Da lässt Gott ihm eine Schatten spendende Rizinusstaude wachsen. Ebenso überraschend lässt Gott sie wieder eingehen, was Jona endgültig verärgert: »*Sterben will ich, das ist besser als weiterleben.*«

Gott erklärt ihm das Gleichnis der Staude: »Schau her, Jona: Obwohl du die Staude weder geschaffen noch gepflegt hast, und obwohl sie nur einen Tag gewachsen ist, tut sie dir leid. Und nun schau dir Ninive an: Ich habe die Stadt geschaffen und begleitet, sie ist groß und schön – da sollte sie mir nicht leid tun? Ja, die Menschen sind orientierungslos, *sie können rechts und links nicht unterscheiden*. Aber gerade darum brauchen sie mich doch. Wie kann ich ihnen ihr Unrecht übel nehmen, so ahnungslos, wie sie sind.«

Dummheit schützt vor Strafe nicht? Doch. Gott möchte die Menschen entschuldigen und sei es mit ihrer Unwissenheit. Und Gott kalkuliert nicht: Auch die Ungläubigen, sogar die Feinde seines Volkes gibt er nicht aus Berechnung preis. Er freut sich über jeden, der umkehrt, jeden Strohhalm eines guten Anzeichens nutzt er, um einen Grund zur Gnade zu haben.

Ob Jona das überzeugt hat, erzählt die Geschichte nicht. Wichtig ist, was wir über Gott erfahren: Was er erschaffen hat, ist und bleibt ihm lieb und wert.

## Gebet

*Gott, deine Liebe reicht weit.*
*Sie sucht den rettenden Strohhalm,*
*an dem deine Gnade uns ergreifen kann.*
*Wie der gute Hirte das eine verlorene Schaf sucht,*
*so ist deine Güte hinter uns her.*
*Es ist gut, Gott, dich als meinen Schöpfer zu wissen.*
*Was aus deiner Hand kommt,*
*willst du durch deine Hand erhalten.*
*Was du erschaffen hast, gibst du nicht preis.*
*Das zu glauben ist wie ein Netz und doppelter Boden*
*unter dem Seil meines Lebens.*
*Das soll mich geduldig machen mit denen, die mich*
*ärgern.* →

*Auch ihnen gilt deine grenzenlose Güte.*
*Auch wenn ich das vergesse, du vergisst es nicht.*
*Wenn ich ihnen deinen Zorn wünsche,*
*dann höre nicht auf mich,*
*sondern sieh auf deine Hand,*
*die alle und alles erschaffen hat.*
*Bleibe dir treu, Schöpfer, und uns.*

# Mit Petrus • zu mir

Zu wenigen Figuren berichtet die Bibel so viel wie zu Petrus, der anfangs Simon hieß. Auffällig ist, wie unterschiedlich Petrus geschildert wird: stark und schwach, spontan und ein sicherer Halt, Anführer und Versager. Er ist ein gebrochener Mensch, schwankt zwischen Mut und Angst, geht voran und rennt weg. Gerade diese Dissonanzen machen ihn interessant. Wir können uns gut in ihm wiederfinden. Ein glaubwürdiger Mensch, der sich zeigt mit all seinen Macken. Ein Mensch, der gerade darum von Jesus sehr geschätzt wird. Ein Mensch wie wir.

## BERUFEN • AUFBRECHEN ODER BLEIBEN?

Markus 1,16–20

### Morgen

*»Als Jesus am Galiläischen Meer entlangging, sah er Simon (Petrus) und Andreas, Simons Bruder, wie sie ihre Netze ins Meer warfen; denn sie waren Fischer. Und Jesus sprach zu ihnen: Kommt, folgt mir nach; ich will euch zu Menschenfischern machen!«* (1,16 f.).

Wenn Jesus jetzt wirklich käme und dich rufen würde: »Folge mir nach! Komm mit, ich brauche dich, du sollst mein Jünger werden. Deine Jacke kannst du mitnehmen, alles andere lass hier – du brauchst es nicht mehr: deinen Hausschlüssel, dein Auto und das Portemonnaie mit dem Passfoto deiner Liebsten. Vergiss es!« Was würdest du antworten?

## GedankenGang

Versuche, dich in einem der Vorschläge wiederzufinden:

A: »Interessantes Angebot, aber sag mir erst mal, was ich davon habe.«

B: »Ich bringe schon genug soziales Engagement – frag erst mal die anderen.«

C: »Danke für das Vertrauen, Jesus.« Ich nehme meine Jacke und folge ihm.

D: »Gib mir bitte noch zehn Minuten, damit ich mich verabschieden kann.« Insgeheim hoffe ich, dass mich jemand in der Familie und bei der Arbeit als unverzichtbar zurückhält.

E: Ich tue so, als hätte ich nichts gehört.

## Abend

Wie ging es dir mit der Frage? Findest du sie einen reizvollen Gedanken oder eine Zumutung? Bereits in der Bibel reagieren die Menschen sehr verschieden auf den Ruf Gottes. Mose, Jesaja, Jona, ... – keiner hat sich um seinen Prophetenauftrag gerissen. Auf Jesu Ruf, ihm nachzufolgen, finden sich alle fünf im GedankenGang genannten Reaktionen:

A: Petrus betont später, was er für die Nachfolge verlassen hat, und Jesus versichert ihm: »*Es ist niemand, der Haus oder Brüder oder Schwestern … verlässt um meinetwillen und um des Evangeliums willen, der nicht hundertfach empfange: jetzt in dieser Zeit … – und in der kommenden Welt das ewige Leben*« (Mk 10,28-31).

B: Der reiche Jüngling verweist darauf, dass er alle 10 Gebote vorbildlich hält. Aber als er geben sollte, was ihm wirklich wertvoll ist, da kneift er (Mk 10,17-27).

C: Jesus ruft Simon Petrus, Jakobus und Johannes mitten aus der Arbeit, mit ihm zu kommen: »*Sogleich verließen sie ihre Netze und folgten ihm nach*« (Mk 1,16-20).

D: Zu dem, der sich vor der Nachfolge zuerst noch verabschieden will, sagt Jesus: »*Wer die Hand an den Pflug legt und sieht zurück, der ist nicht geschickt für das Reich Gottes*« (Lk 9,62).

E: Die meisten Menschen waren auch zur Zeit Jesu zufrieden mit dem, wie sie lebten, und haben ihren Alltag weitergelebt.

Schon immer haben sich viele Menschen schwer damit getan, etwas ganz Neues anzufangen. Es ist mühsam, das Vertraute zu verlassen und Neues zu suchen, das Bewährte aufzugeben und sich zu riskieren.

Genau diese Chance bietet dir das Pilgern. Der Abstand vom Alltag ermöglicht dir, dich auf Neues einzulassen, dich anders auszuprobieren. Du kannst dich fremd gehen. Nachfolge meint: Wenn du dich auf Jesu

Ruf einlässt, bist du auch im Fremden nicht allein. Der dich gerufen hat, begleitet dich und fühlt sich verantwortlich für den Weg, den sein Ruf eröffnet hat. Vertrauen prägt sich ein: mit jedem Morgen, an dem du dich auf den Weg machst, mit jedem Schritt auf dem Pilgerweg, mit den Andachten, im Hören, Beten und Tun.

## FISCHEN • NICHT WOLLEN UND DOCH TUN

Lukas 5,1–11

### Morgen

Nimm dir nach jedem Textabschnitt Zeit und versetze dich in die entsprechende Rolle (meistens von Simon Petrus) und beantworte die Frage als diese Person. Es hilft, wenn du die Antwort laut sprichst:

*»Es begab sich aber, als sich die Menge zu ihm drängte, zu hören das Wort Gottes, da stand er am See Genezareth. Und er sah zwei Boote am Ufer liegen; die Fischer aber waren ausgestiegen und wuschen ihre Netze. Da stieg er in eines der Boote, das Simon (Petrus) gehörte, und bat ihn, ein wenig vom Land wegzufahren. Und er setzte sich und lehrte die Menge vom Boot aus. Und als er aufgehört hatte zu reden, sprach er zu Simon: Fahre hinaus, wo es tief ist, und werft eure Netze zum Fang aus!«*

» *Simon Petrus: Was antwortest du Jesus?*

*»Und Simon antwortete und sprach: Meister, wir haben die ganze Nacht gearbeitet und nichts gefangen; aber auf dein Wort hin will ich die Netze auswerfen. Und als sie das taten, fingen sie eine große Menge Fische und ihre Netze begannen zu reißen.«*

» *Simon Petrus: Wie geht es dir damit?*

*»Und sie winkten ihren Gefährten, die im andern Boot waren, sie sollten kommen und ihnen ziehen helfen. Und sie kamen und füllten beide Boote voll, sodass sie fast sanken. Da Simon Petrus das sah, ...«*

» *Ein anderer Jünger: Was denkst du, macht Simon Petrus jetzt?*

» *Simon Petrus: Wie reagierst du jetzt?*

*»Da Simon Petrus das sah, fiel er Jesus zu Füßen und sprach: Herr, geh weg von mir! Ich bin ein sündiger Mensch. Denn ein Schrecken hatte ihn erfasst und alle, die mit ihm waren, über diesen Fang, den sie miteinander getan hatten, ebenso auch Jakobus und Johannes, die Söhne des Zebedäus, Simons Gefährten. Und Jesus sprach zu Simon: Fürchte dich nicht! Von nun an wirst du Menschen fangen.«*

» *Simon Petrus: Wie geht es dir mit Jesu Ankündigung? Was ist dein erster Gedanke?*

*»Und sie brachten die Boote ans Land und verließen alles und folgten ihm nach.«*

» *Mutter/Vater: Du siehst, wie dein Sohn Jesus folgt: Was möchtest du ihm noch sagen, mit auf den Weg geben?*

## GedankenGang

Male dir unterwegs noch einmal die Geschichte vor Augen. Kennst du diese Erfahrung, herausgefordert zu werden zu etwas, das du eigentlich gar nicht willst?

## Abend

Ein erstaunlicher Simon Petrus. Was mag in ihm vorgegangen sein? Vielleicht war es so:

»Ich höre Jesus sagen: »*Fahr auf den See und wirf die Netze aus.*«[2] – Nein, dem folge ich nicht in blindem Gehorsam. Ich bin ein vernünftiger Mensch, realistisch: »*Meister, wir haben die ganze Nacht gearbeitet und nichts gefangen.*« Wenn sogar in der Nacht nichts zu holen war, dann jetzt tagsüber erst recht nicht. Ein Fischer ist nicht leichtgläubig. Aber im gleichen Atemzug höre ich mich sagen: »*Doch wenn du es sagst, werde ich die Netze auswerfen.*« Ich bin verwundert über mich. Warum lasse ich mich darauf ein?

Ich war ärgerlich, dass ich die ganze Nacht erfolglos gefischt hatte. Aber ich war so weit, dass ich mich mit diesem Misserfolg abfinden konnte. So ist das Leben halt – man soll keine zu großen Erwartungen haben. Bleib mit den Füßen auf dem Boden.

Kann dieser Jesus einen nicht einfach in Ruhe lassen? Ich verstehe mich nicht: Warum habe ich mich auf den Mist eingelassen? Nachher bin ich doppelt enttäuscht.

»*Wenn du es sagst, werfe ich die Netze nochmals aus.*« Nein, ich hab's selbst nicht geglaubt, dass das etwas bringt. Viel lieber wollte ich recht behalten: »Siehst du, Jesus, die Welt ist mühsam und Hoffnung ist unsinnig. Es ist anstrengend genug, dass es so ist, also arrangiert man sich möglichst schnell damit.« Verbittert war ich. Ärgerlich, weil mir da einer in die Quere kommt. Ärgerlich vor allem über mich, dass ich mich auf so einen Unsinn eingelassen habe.

Doch dann füllen sich die Netze. Sie drohen zu reißen vor lauter Fischen. Wir müssen die Kollegen dazuholen. So etwas haben wir noch nie erlebt. Wir füllen beide Boote bis zum Rand, sodass sie fast untergehen. Plötzlich knie ich vor Jesus: »*Herr, geh weg von mir, ich bin ein Sünder.*«

Das ist mir so rausgerutscht. Mir wurde das einfach zu viel. Damit hatte ich nun gar nicht gerechnet. Mir rutscht meine vertraute Welt unter den Füßen weg. »*Herr, geh weg von mir, ich bin ein Sünder.*« Ich bin nicht für Gott gemacht, nicht für Wunder. Daran werde ich scheitern. Dem werde ich nicht gerecht. Lass mich in Ruhe in meiner vertrauten Welt.

Aber Jesus setzt noch eins drauf: »*Simon Petrus, fürchte dich nicht! Von jetzt an wirst du Menschen fangen.*« Jetzt ist er völlig durchgeknallt. Ich hätte mich nie darauf einlassen sollen. Ich bin Fischer, Sohn eines Fischers. Ich bin kein religiöser Enthusiast. Ich mache, was dazugehört zum Glauben, ich finde Religion durchaus okay. Aber jetzt soll ich Menschenfischer werden. Du spinnst, Jesus. Lass mich in Ruhe.

Toll wäre das natürlich schon. Menschen vom Guten zu überzeugen, ihnen zu Gott zu helfen. Aber es ist mir einfach viel zu groß. Ich traue mir das absolut nicht zu.

Das wäre größenwahnsinnig. Bleib mit beiden Füßen auf dem Boden, Petrus, sage ich mir. Und doch bin ich plötzlich aus dem Boot, lasse alles stehen und liegen, bin schon auf dem Weg in Jesu Fußstapfen – weiß Gott, warum.

## ERMÖGLICHEN • WUNDER IM SCHEITERN

Matthäus 14,22-30[3]

### Morgen

Wie wirkt Petrus auf andere? Andreas erzählt:

»Ich bin Andreas, einer der Mitjünger. Ich liege im Boot. Eine dramatische Nacht liegt hinter mir. Jetzt ist der See still, aber ich nicht. Ich schaue in die Morgendämmerung, ich schaue in mich. Irgendwie werde ich mit Petrus nicht fertig. Irgendetwas stört mich an ihm. Bin ich neidisch?

Der Reihe nach: Wir waren gestern den ganzen Tag mit Jesus zusammen, er hat die überwältigende Speisung der 5000 vollbracht. Dann hat er uns allein fahren lassen. Mitten auf dem See, mitten in der Nacht stürmte es plötzlich los. Jetzt mussten wir handeln: Segel halten, Steuer sichern. Und Petrus? Der nimmt die Sache in die Hand. Petrus hat gesagt, wer was zu tun hat. Das war unsere Rettung. Petrus behält die Nerven – ich nicht. Petrus traut sich in die erste Reihe und übernimmt Verantwortung – ich bleibe immer hinten, bin ganz froh, wenn ich nicht nach vorn muss. Verstecke ich mich hinter Petrus?

Dann kam plötzlich über das Wasser eine Gestalt auf uns zu. Ich wäre beinahe vom Boot gefallen. Wir schrien alle auf – alle? Petrus auch? Oder war der schon wieder mutiger? Ich weiß es nicht mehr. Wie wäre es mir lieber? Hätte ich es lieber, wenn Petrus auch vor Angst geschrien hätte? Neidisch bin ich ja schon. Es macht mir zu schaffen, immer einen vor der Nase zu haben, der schneller, besser, tapferer ist.

›*Fasst Mut. Ich bin's, fürchtet euch nicht!*‹ Das war Jesus. Der fand immer die richtigen Worte. Ich war so froh, lehnte mich zurück, entspannte mich: Jetzt ist gut. Aber Petrus, immer wieder dieser Petrus, der setzte sich nicht einfach zur Ruhe. ›*Herr, wenn du es bist, dann befiehl mir, auf dem Wasser zu dir zu kommen!*‹ Blöder Streber, dachte ich.

Als Petrus einige Schritte gelaufen war, begann er unterzugehen. Mein erster Gedanke war Schadenfreude: ›Das geschieht dir recht, du Besserwisser und Alleskönner.‹ Das hätte ich nicht von mir gedacht. Ich erschrecke über mich.«

## GedankenGang

Wer ist für dich wie Petrus? Ärgert es dich, macht es dich neidisch, wenn andere stärker sind als du?

## Abend

Petrus ist mutiger Draufgänger und ängstlicher Versager zugleich. Ohne zu zögern traut er sich aufs Wasser, nur auf Jesu Ruf hin. Ein enormes Vertrauen. Petrus kalkuliert nicht durch, er berechnet nicht, was realistisch ist. Er spannt kein Sicherheitsnetz. Er macht das Unmögliche – nur weil Jesus sagt: »Komm her!«

Und wirklich: Petrus kann übers Wasser gehen. Aber warum geht er dann plötzlich unter? *»Als er aber den starken Wind sah, erschrak er und begann zu sinken.«* Petrus schwenkt den Blick, von Jesus zu den Wellen, vom Möglichen zum Wirklichen, vom Wunder zum Üblichen. Die Wellen sagen: Das geht nicht, das kann nichts werden, gib auf. Jesus sagt: *»Seid getrost, ich bin's; fürchtet euch nicht!«* Worauf sieht Petrus, wovon lässt Petrus sich steuern?

Diese Wundergeschichte erzählt vom Scheitern. Sie malt keine rosa Idylle, sondern erzählt, wie das Leben wirklich ist: Manchmal ist der Neid auf die Gewinner stärker, aber manchmal können wir uns mit ihnen freuen. Manchmal gelingt unserem Vertrauen ein Wunder und manchmal siegen die Bedenken. Ein brüchiges Wunder – gibt es so etwas? Unser Glaube ist wankelmütig. Aber manchmal gelingt er uns eben doch – ein kleines Wunder.

## BEKENNEN · DAS GÖTTLICHE SUCHEN

Markus 8,27–36[4]

### Morgen

»*Unterwegs fragte Jesus seine Jünger: ›Für wen haltet ihr mich?‹ Petrus antwortete ihm: ›Du bist der Messias, der Christus.‹*« Petrus hat offensichtlich viel verstanden. Jesus ist mehr als ein bloßer Prophet, mehr als ein Bote. Er ist dichter dran an Gott, in engerer Beziehung zu ihm. Die Juden haben dafür den Titel des Messias, Gesalbter Gottes. Das griechische Wort dafür ist Christus. Auf ihm liegt Gottes Geist noch einmal ganz anders als auf anderen Menschen. In ihm ist Gott gegenwärtig. So weit, so gut.

Dann aber wird es komplizierter: »*Danach erklärte Jesus seinen Jüngern zum ersten Mal, was Gott mit ihm vorhatte: ›Ich werde viel leiden müssen. Sie werden mich als Verbrecher behandeln. Sie werden mich hinrichten lassen, aber nach drei Tagen werde ich vom Tod auferstehen.‹*« Wir wissen, wie die Geschichte ausgeht – Petrus noch nicht. Für ihn ist nur klar: Mit Jesus wird etwas ganz Schlimmes passieren.

Gerade noch war Petrus Feuer und Flamme: Du bist der Erlöser – und ich bin dabei. Was für ein Glück. Nun kommt der jähe Absturz. Tiefer geht es nicht. Petrus merkt: Ich werde Jesus verlieren. Und damit verliere ich auch meine Hoffnung. Da hat sich etwas Gutes angebahnt in meinem Leben. Auch wenn ich noch nicht genau wusste, wohin es führt, spürte ich ganz fest: Das wird gut.

Und nun Jesu Ankündigung, wie eine kalte Dusche: »*Der Menschensohn muss viel leiden und verworfen werden.*« Himmelhoch jauchzend – zu Tode betrübt.

## GedankenGang

Menschen gehen sehr verschieden mit Enttäuschungen um: Manche fallen in ein tiefes Loch. Andere kommen schnell darüber hinweg und sind schon bei der nächsten Sache. Manche werden aggressiv gegen sich, gegen andere. Oder sie versuchen verzweifelt zu bewahren, was nicht mehr zu retten ist.
Wie wird Petrus jetzt reagieren? Was könnte er tun und sagen? Was würdest du an seiner Stelle tun, sagen und empfinden? Wie gehst du mit Enttäuschungen um?

## Abend

Vom Bekenntnis, »*Du bist der Messias*«, zur Enttäuschung, »*Ich werde leiden und verworfen*«, ist es ein kleiner Schritt. Glück und Enttäuschung liegen dicht beieinander, bei Petrus – und manchmal auch bei uns. Unterwegs hast du – mit den Fragen vom GedankenGang – bedacht, wie du damit umgehst.

Wie geht Petrus damit um? »*Da nahm Petrus Jesus zur Seite und fing an, ihm das auszureden.*« Mach das nicht Jesus. Ich gebe dich nicht verloren. Ich will nicht, dass du verlierst. Ich will es für dich nicht, denn du hast verdient, dass es dir gut geht. Und ich will es für mich nicht, für meine Hoffnung, die an dich geknüpft ist. Nur wenn du gewinnst, kann ich mit dir gewinnen. Mein Leben hängt an deinem, du darfst mich nicht im Stich lassen. Das bist du mir schuldig. Du hast diese Hoffnung in mich gepflanzt, jetzt darfst du sie nicht einfach wieder ausreißen.

»*Jesus aber wandte sich um, sah seine Jünger an und bedrohte Petrus und sprach: ›Geh weg von mir, Satan! Denn du meinst nicht, was göttlich ist, sondern was menschlich ist.*‹« Das ist hart. Kein bisschen Verständnis zeigt Jesus. Dabei ist doch Petrus' Reaktion völlig menschlich. »*Geh weg von mir, Satan!*« Petrus kann einem leidtun. Er will doch nur, dass Jesus nicht leiden muss, dass es ihm gutgeht. Satan, Versucher, schleudert Jesus ihm entgegen.

Es ist wirklich eine Versuchung, gut dastehen zu wollen, zu gewinnen, recht zu haben, erfolgreich zu sein. Ist Jesus so hart, weil er selber diese Versuchung spürt, heil davonzukommen, zu gewinnen und nicht zu verlieren? Ringt Jesus mit sich, weil auch er lieber auf der Seite des Gewinners stehen will und nun lernen muss, diese Hoffnung abzulegen?

Das wäre naheliegend und verständlich. Gegen diese Selbstverständlichkeit muss Jesus sich – auch für die Jünger – hart abgrenzen: »*Wer mir folgen will, darf nicht an seinem Leben hängen. Er muss sein Kreuz auf sich nehmen und mir auf meinem Weg folgen. Wer sein Leben retten will, wird es verlieren. Wer aber sein Leben verliert, weil er an mich und die Gute Nachricht glaubt, wird es retten. Was nützt es einem Menschen, wenn er die ganze Welt gewinnt, aber sein Leben dabei verliert?*« Entweder – oder. Welt oder Seele. Leichtes oder wahres Leben. Beides geht nicht. Entscheide dich. Wahres Leben gewinnst du nur, wenn du den vordergründigen Erfolg preisgibst.

Wer die Seite der Erfolgreichen verlässt, ist schnell verlassen. Wer den Finger in die Wunde legt und unangenehme Fragen stellt, wird infrage gestellt. Vielleicht kennst du dieses Ringen: Warum soll schon wieder ich das Unangenehme fragen oder sagen oder umsetzen? Und du kennst das schlechte Gewissen, wenn du stattdessen wegschaust und mitmachst. Aber du kennst auch das gute Gefühl, wenn du das Notwendige gesagt und getan hast. Das nennt Jesus »*seine Seele gewinnen*«, »*sein Kreuz auf sich nehmen*«, »*sein Leben zu verlieren, um es zu gewinnen*«.

»*Geh weg von mir, Satan! Du meinst nicht, was göttlich ist, sondern was menschlich ist.*« Das gesagt zu bekommen, tut weh. Aber es tut gut wie ein reinigendes Gewitter. Weil wir zu uns kommen, zu Gott.

## FÜßE WASCHEN • HILFE ANNEHMEN

Johannes 13,4-9[5]

### Morgen

»Lass mal, geht schon, muss nicht sein.« Wenn ich meinen Mitpilgern anbiete, ihnen nach der letzten Etappe die Füße zu waschen, dann lehnen viele ab. Es ist ihnen peinlich: die Blasen und verwachsenen Nägel, der Schweiß und die runzlige Haut. Fast automatisch kommt die Antwort: »Das mache ich selbst. Ich kann selbst für mich sorgen und will auf eigenen Füßen stehen. Ich brauche dich nicht.«

Auch Petrus kennt diesen Reflex: »*Jesus goss Wasser in eine Schüssel und begann, den Jüngern die Füße zu waschen. Mit dem Tuch, das er umgebunden hatte, trocknete er ihnen die Füße ab. Als er zu Simon Petrus kam, sagte der zu ihm: ›Herr, du willst mir die Füße waschen?‹ Jesus antwortete ihm: ›Was ich für dich tue, das verstehst du jetzt noch nicht. Du wirst es aber später verstehen.‹ Petrus erwiderte: ›Nie und nimmer sollst du mir die Füße waschen!‹*«

## GedankenGang

Wo hat dir zuletzt jemand Hilfe angeboten? Wie hast du dich dabei gefühlt? Hast du sie gerne angenommen? Nimmst du gerne Gottes Hilfe an?

## Abend

»Ich möchte dir die Füße waschen.« »Nein danke, das muss nicht sein.« Denn wer sich helfen lässt, zeigt, dass er schwach ist, hilfsbedürftig, dass er nicht für sich selbst sorgen kann. Wer möchte das schon. Das widerspricht dem Ehrgeiz, selbstständig zu sein.

Jesus erwidert: »›*Wenn ich dich nicht wasche, gibt es für dich keine Gemeinschaft mit mir.‹ Da sagte Simon Petrus: ›Herr, dann wasche mir nicht nur die Füße, sondern auch die Hände und den Kopf!‹*« Gemeinschaft mit mir hast du nur, wenn du meine Hilfe annimmst. Warum wird Jesus so massiv? Weil Glauben heißt, sich einzugestehen: Ich lebe nicht aus mir selbst heraus. Ich komme von Gott, ich lebe aus Gott, ich bin unterwegs zu Gott.

Auch vor Gott haben wir Angst, in seiner Schuld zu stehen. Wer weiß, ob Gott das nicht doch irgendwann irgendwie ausnutzt? »Weil ich dir gegeben habe, musst du jetzt für mich ...« Wir wollen niemandem etwas schuldig sein, auch Gott nicht. Wer weiß, ob Gott uns nicht doch irgendwann die Rechnung präsentiert?

Es braucht viel Vertrauen auf diesen Gott, dass wir am Ende sagen können: *»Doch wir haben die Rechnung ohne den Wirt gemacht: Ich habe euch eingeladen, sagt der und lacht, soweit die Erde reicht: Es war mir ein Vergnügen!«* (Lothar Zenetti).[6]

Beim Pilgern kannst du dir das bewusst machen: Andere haben vor dir den Weg gespurt und markiert. Andere kochen für dich und du setzt dich an den Tisch. Du bist müde und das Bett ist gemacht. Andere haben dir die Tür der Kirche geöffnet. Die Beter vor dir haben dir ihren Psalm überliefert. Von Gott bist du auf den Weg gerufen. Beim Pilgern vertraust du dich Gott und Menschen an, lebst ganz selbstverständlich von dem, was sie für dich getan haben. Füße waschen, Herz trösten, Weg weisen, Proviant reichen – es ist gut, dass Gott für uns sorgt.

## Gebet

*Manchmal möchte ich dir danken, Gott.*
*Aber dann ist es mir unangenehm, ich zeige es nicht gerne.*
*Manchmal bin ich dankbar für meine beiden Beine,*
*die mich bis hierher getragen haben,*
*für den Kaffee in der Frühstückspause*
*und die schönen Blumen am Wegesrand.*

*Manchmal möchte ich Danke sagen,*
*dir Gott, für deine Welt und den Menschen,*
*die mir heute ein Dach über dem Kopf bieten.*
*Ich spüre: Ich lebe nicht aus mir –*
*und muss das auch gar nicht.*
*Wir leben zusammen in einem großen Geben und Nehmen.*

*Manchmal fühle ich mich darin richtig gut aufgehoben.*
*Aber dann traue ich mich nicht, Geschenke anzunehmen*
*und zu danken, denn ich habe Angst,*
*dass ich mich abhängig mache und das ausgenutzt wird,*
*dass mir irgendwann die Rechnung präsentiert wird.*
*Sieh mich, wie ich bin, Schöpfer,*
*der du mir mein Leben geschenkt hast und eine Welt,*
*die mir so viel bietet, was ich zum Leben brauche.*
*Sieh mich staunend-dankbar*
*und ängstlich-verschlossen zugleich.*

*Lass mich Erfahrungen machen, die mir helfen,*
*Geschenke anzunehmen und Dankbarkeit zu zeigen.*
*Eigentlich bin ich ja dankbar – dir verrate ich es.*

# EIFERN · ABER WOFÜR?

Johannes 18,10–11[7]

## Morgen

Das ist mehr als gut gemeint. Da hängt sich einer wirklich rein. Er kämpft für Jesus:

Als Jesus vor seiner Kreuzigung von den Soldaten gefangen genommen wird, da lässt Petrus es nicht resigniert geschehen. Er schreitet ein: Petrus zieht sein Schwert und schlägt dem Bevollmächtigten des Obersten Priesters das rechte Ohr ab. Aber Jesus weist Petrus zurecht: »*Stecke das Schwert wieder weg!*«

Was ist schiefgelaufen? Petrus hatte seine eigenen Ziele vor Augen. Er hat in seiner Weise gedacht: »Ich muss Jesus verteidigen, notfalls mit dem Schwert.« Aber Jesus denkt anders: »*Soll ich etwa den Becher nicht austrinken, den mir mein Vater gegeben hat?*« Jesus geht einen anderen Weg als den vordergründigen Erfolg. Er verzichtet auf den bewaffneten Widerstand.

Petrus will zwar für Jesus eintreten, aber er hat nicht verstanden, was Jesus eigentlich will: das Böse mit Gutem überwinden. Petrus verwechselt seinen Weg mit Jesu Weg. Jesus sagt im Garten Gethsemane: Nicht was ich will, soll geschehen, sondern was Gott will. Leben, wie Gott es will, ist nicht leicht. Darum bitten Menschen im Gebet um Hilfe.

## GedankenGang

Lies das Friedensgebet. Unterwegs bedenke: Bei welcher Zeile bist du hängen geblieben und warum? Ist sie ein Anstoß für dich, oder lebst du sie bereits? Findest du sie falsch oder möchtest du gerne so leben? – Der Text ist ein Gebet: Wie möchtest du, dass Gott dir hilft, ein Werkzeug seines Friedens zu werden?

## Friedensgebet

*O Herr, mach mich zu einem Werkzeug deines Friedens,*
*dass ich Liebe übe, wo man sich hasst,*
*dass ich verzeihe, wo man sich beleidigt,*
*dass ich verbinde, da, wo Streit ist,*
*dass ich die Wahrheit sage, wo der Irrtum herrscht,*
*dass ich den Glauben bringe, wo der Zweifel drückt,*
*dass ich die Hoffnung wecke, wo Verzweiflung quält,*
*dass ich ein Licht anzünde, wo die Finsternis regiert,*
*dass ich Freude mache, wo der Kummer wohnt.*

*Herr, lass du mich trachten:*
*nicht dass ich getröstet werde, sondern dass ich tröste;*
*nicht dass ich verstanden werde, sondern dass ich verstehe;*
*nicht dass ich geliebt werde, sondern dass ich liebe.*

*Denn wer da hingibt, der empfängt;*
*wer sich selbst vergisst, der findet;*
*wer verzeiht, dem wird verziehen;*
*und wer stirbt, erwacht zum ewigen Leben.*

### Abend

Petrus verwechselt seinen Weg mit Jesu Weg. Er möchte das Gute mit Gewalt durchsetzen, aber Jesus wird es durch Leiden erreichen. Selbst Jesus hat Angst vor diesem Weg, der ihn ans Kreuz bringt: »*Wenn es möglich ist, so lass diesen Kelch an mir vorübergehen.*« Aber er weiß auch, dass Gottes Weg unser Verstehen übersteigt: »*Nicht was ich will, soll geschehen, sondern was du willst.*« (Lk 22,42 EIN)

Wollen, was Gott will. Sehnsucht, dass ich anders lebe, als ich bin. Hoffen auf das, was alles Menschenmögliche übersteigt. Das geschieht im Gebet. Wer betet, geht über sich hinaus und öffnet sich Gott. Wenn du betest, bist du dem Unmöglichen einen Schritt näher.

Lies das Friedensgebet noch einmal durch. Erinnere dich, wo du hängen geblieben bist. Bitte und vertraue Gott, dass er dich dorthin bringt, wo du allein nicht hinkommst.

## SCHEITERN • VERLEUGNEN ODER EINGESTEHEN?

Markus 14

### Morgen

Jetzt kommt es auf Petrus an. Jesus hat ihn, Jakobus und Johannes ausgewählt mitzukommen. Es ist Nacht. Spannung liegt in der Luft. Petrus' Puls steigt. Jesus redet von seinem Sterben und der Hilfe, die er jetzt braucht. Petrus spürt, wie Energie in ihm wach wird.

Auf ihn kann Jesus sich jetzt verlassen. Er wird seinen Mann stehen: »*Wenn auch alle Ärgernis nehmen, so doch ich nicht!*« Er ist sich sicher: Er wird standhalten wie ein Fels.

Jesus widerspricht: »*Ehe denn der Hahn zweimal kräht, wirst du mich dreimal verleugnen.*« Das schmerzt Petrus. Sicher, er hat versagt, sein Vertrauen war schwach. Aber jetzt, wo es drauf ankommt, da wird er zu Jesus halten: »*Auch wenn ich mit dir sterben müsste, werde ich dich nicht verleugnen!*«

## GedankenGang

An welchen Punkten willst du bis zum Letzten standhaft und zuverlässig sein? Was macht es mit dir, wenn andere deine Standhaftigkeit anzweifeln? Bist du schon einmal gescheitert und warst nicht so felsenfest, wie du dachtest?

## Abend

Jesus ist verhaftet, aber Petrus will in seiner Nähe bleiben. Er muss unbedingt zu ihm. Er weiß selbst nicht, warum: »Möchte ich Jesus helfen, ihm zeigen, dass er nicht allein ist? Oder halte ich es ohne ihn nicht mehr aus? Brauche ich in der Not seine Nähe?« Unwillkürlich zieht es Petrus zu Jesus, in die Höhle des Löwen, zu den Gegnern, die Jesus gefangen halten.

Verrät ihn dort seine Angst? »Du gehörst doch auch zu diesem Jesus?« »Ich weiß von nichts.« Kaum gesagt, schmerzt ihn sein eigener Satz: »Ich habe mit Jesus nichts zu tun.« Dieser Satz macht alles kaputt:

*»Ich kenne den Menschen nicht, von dem ihr redet. Und alsbald krähte der Hahn zum zweiten Mal. Da gedachte Petrus an das Wort, das Jesus zu ihm gesagt hatte: Ehe der Hahn zweimal kräht, wirst du mich dreimal verleugnen. Und er fing an zu weinen«* (Mk 14,71-72).

Vorhin noch hatte er fest zu Jesus gestanden: *»Sogar wenn ich mit dir sterben muss – ich werde nie abstreiten, dich zu kennen.«* Jetzt weiß er: So toll bin ich nicht. Mir geht es um mich, nicht um Jesus. Auf mich ist kein Verlass. *»Der Geist ist willig, aber das Fleisch ist schwach.«* Wie recht hatte Jesus.

*»Er weinte bitterlich.«* Hätte Petrus versucht, sein Verhalten zu rechtfertigen, er wäre einem unsympathisch geworden. Aber sein Weinen zeigt: Er ist ehrlich mit sich. Manchmal kann man nur tief traurig über sich sein: »Das hätte nicht sein dürfen. Ich hätte nie gedacht, dass ich so bin.« Ein Held ist er nicht, aber ehrlich. Zumindest hinterher – und das macht Petrus sympathisch.

## Segen

*Keinen Tag soll es geben, da du sagen musst,*
*ich halte es mit mir nicht mehr aus.*
*Keinen Tag wird es geben,*
*da Gott nicht mit offenen Armen auf dich wartet.*
*Und der Friede Gottes, der höher ist als all unsere Vernunft,*
*der halte deinen Verstand wach,*
*der bewahre deine Hoffnung und stärke deine Liebe.*

## BEFREIEN • AN DIE HAND GENOMMEN

Apostelgeschichte 12,1–10[8]

### Morgen

Petrus war später sehr erfolgreich: Er hat sich von Jesu Tod nicht unterkriegen lassen und so ergreifend gepredigt, dass 3000 Menschen sich taufen ließen. Er hat den Schritt über die Juden hinaus getan und auch Heiden in die Nachfolge gerufen. Was kommt nun?

Wegen dieser Erfolge ließ König Herodes die christliche Gemeinde massiv verfolgen. Jakobus ließ er enthaupten und Petrus verhaften und ins Gefängnis werfen. Die Bewachung übertrug er vier Abteilungen von je vier Soldaten. Die Lage im Gefängnis ist eindeutig, die Machtverhältnisse sind klar: hier der König, dort der Gefangene. Hier vier mal vier Wärter, dort ein Einzelner. Hier das Schwert, dort die Handschellen.

Petrus' Weg ist vorgezeichnet. Jakobus ist bereits hingerichtet, Petrus wird ihm folgen. Das liegt auf der Hand. Seine Lage ist chancenlos. Was wird Petrus tun?

### GedankenGang

Wie würdest du in Petrus' Situation reagieren? Einige Vorschläge zur Auswahl:

» *Plane ich meinen Ausbruch?*

» *Schaue ich wie das Kaninchen erstarrt auf die Schlange?*

» *Verbünde ich mich mit anderen Gefangenen?*

» *Setze ich mich in die Ecke und warte ab?* →

- *Tausche ich mich mit den Mitgefangenen aus, trauere mit ihnen, spende und empfange Trost?*
- *Übe ich »positiv denken«?*

Wie schätzt du dich ein? Wie wärst du gerne?

## Gebet

*Erforsche mich, Gott, siehe mir ins Herz:*
*Prüfe mich und erkenne, wie ich's meine.*
*Hilf mir, mich selbst zu verstehen.*
*Mache mich ehrlich.*

## Abend

Du hast überlegt, wie du mit aussichtslosen Situationen umgehst. Wie bei Petrus, der schwer bewacht im Gefängnis sitzt. Die Apostelgeschichte berichtet: »*In der Nacht, bevor Herodes ihn öffentlich verurteilen wollte, schlief Petrus zwischen zwei der Soldaten. Er war mit zwei Ketten an sie gefesselt. Die beiden anderen Soldaten hielten vor der Zellentür Wache. Und sieh doch: Der Engel des Herrn trat herein und weckte Petrus mit einem Stoß in die Seite und sagte: ›Schnell, steh auf!‹ Dabei fielen Petrus die Ketten von den Händen ab. ›Binde dir den Gürtel um und zieh deine Sandalen an!‹ Petrus gehorchte. ›Wirf deinen Mantel über und folge mir!‹ Petrus folgte ihm nach draußen. Er wusste nicht, ob es Wirklichkeit ist, es kam ihm vor, er habe eine Vision. Er glaubte zu träumen. Sie gingen an den Wachposten vorbei. Dann kamen sie zu dem eisernen Tor, das in die Stadt führte. Das Tor öffnete sich von selbst vor ihnen und sie traten hinaus*« (Apg 12,6-10).

Petrus, der eben noch in Ketten lag, steht plötzlich an der frischen Luft. Eine der üblichen Wundergeschichten mit Happy End? – Ein Detail macht neugierig: »*Er wusste nicht, ob es Wirklichkeit ist, es kam ihm vor, er habe eine Vision.*« Petrus weiß nicht, wie ihm geschieht. Ist es Schlafwandlerei, ein Traum?

Das ist nicht mehr der Petrus, der vollmundig Jesus als Messias bekennt, der sich entscheidet, sein Vertrauen durch Gehen auf dem Wasser zu beweisen. Das ist nicht der Petrus, der 3000 Menschen predigend zur Taufe motiviert oder die Gemeinde managed. Das ist vielmehr ein Petrus, der an die Hand genommen wird: »*Steh auf. Gürte dich. Zieh deine Sandalen an. Wirf den Mantel um. Folge mir.*« Wie bei einem Kind. So nimmt der Engel Petrus an die Hand.

Petrus befreit sich nicht selbst. Er übt sich nicht im positiv Denken. Er glaubt und hofft nicht einmal. Gar nichts macht er. Er »*weiß nicht, ob es Wirklichkeit ist, es kam ihm vor, er habe eine Vision.*« Manchmal sind unsere Wege unergründlich. Wir wissen nicht, wie uns geschieht. Lass dich an die Hand nehmen, und du kommst, wohin du nicht einmal zu träumen gewagt hast. *Rast! Gast sein einmal.*

*Nicht immer selbst seine Wünsche bewirten mit*
*kärglicher Kost.*
*Nicht immer feindlich nach allem fassen;*
*einmal sich alles geschehen lassen und wissen:*
*Was geschieht, ist gut.*
(Rainer Maria Rilke)[9]

Diese Legende stammt nicht aus der Bibel, sondern ist in den Petrusakten aus dem 2. Jahrhundert nach Christus überliefert.

## Morgen

Petrus bei Rom auf der Via Appia: Atemlos läuft er, dreht sich immer wieder um. Seine Schritte stolpern über das schwere, unebene Pflaster. Raus aus der Stadt, bis ans Ende des Landes und mit dem Schiff über das Meer; ganz weit weg.

Hinter sich hat er das Stadttor. Er hat Glück gehabt, es ohne Probleme passieren zu können – selbstverständlich war das nicht. Aber die Unruhe bleibt. Er schaut sich um: Verfolgt ihn jemand? Holt ihn jemand ein, schneidet ihm den Weg ab und holt ihn zurück, dorthin, von wo er geflohen ist? Petrus blickt zurück, auf die Straße, auf sein Leben:

- *Sein Gang über das Wasser, mit dem er es allen hat zeigen wollen – und wie er beim Blick auf die Wellen kläglich untergegangen ist.*
- *Sein vollmundiges Bekenntnis »Du bist Christus« – und wie er dann mit seinem »Ich kenne diesen Mann nicht« Jesus am Vorabend der Kreuzigung schmählich verleugnet hat.*
- *Wie Jesus ihm die Gemeinde anvertraut hat: »Weide meine Lämmer« – und wie er dann in seiner Eitel-*

*keit gebeten hat: »Lass mich auf dem Ehrenplatz zu deiner Rechten sitzen.«*

» *Jesu Zuspruch: »Du bist Petrus«, du bist der Fels. Und er hat die Mitgefangenen im Kerker hier in Rom durch seine Standhaftigkeit beeindruckt – aber als er die Chance hatte, ist er geflohen.*

Petrus stolpert über das Pflaster der Via Appia, wie er sein ganzes Leben lang gestolpert ist. Ein Mann auf der Flucht vor sich selbst. Eigentlich stolpert er nicht wegen des Pflasters. Er stolpert über seine Entscheidung für diesen Weg: Ist es gut, dem Konflikt aus dem Weg zu gehen? Hätte ich, sollte ich, wäre es besser, wenn ich ...? Über diese Fragen stolpert er.

## GedankenGang

Gibt es etwas, was dich immer wieder stolpern macht? Vergegenwärtige dir eine Situation genau: Wie kommt es, dass du stolperst?

## Abend

Petrus stolpert und rennt weg, vor sich und aus der Stadt. Bis er in vollem Lauf mitten in einen Mann hineinrennt, der da plötzlich im Weg steht, nein, der ihm entgegentritt. Er erkennt das Gesicht: »Quo vadis, domine?« Wohin willst du, Herr? – Eigentlich müsste er die Frage sich selber stellen. »Iterum crucifigi« – Dass ich mich noch einmal kreuzigen lasse, antwortet der Mann.

Mehr braucht es nicht und schon macht Petrus kehrt. Wie ein Spiegel wirken die Worte – er erkennt sich selbst. Ja, das wäre doch meine Aufgabe: zurückgehen und weitermachen; zu dem Begonnenen stehen, durchhalten.

Schon hat er kehrtgemacht, läuft zurück, jetzt ohne stolpern, geradeaus in die Stadt, in sein Leben, vor dem er jetzt nicht mehr fliehen will. Diesmal wird es ihm gelingen, er wird sich treu bleiben. Er wird die Herausforderungen annehmen. Das glaubt er seinem Jesus: Es geht, es ist möglich. »Danke«, ruft er noch einmal zurück. »Danke, dass du dich mir in den Weg gestellt hast.«

## AUFBRECHEN MÜSSEN

Rut 1,1–2

### Morgen

Aufbrechen – nicht weil sie wollen, sondern weil sie müssen, Noomi und ihre Familie. Aus purer Not, aus bloßem Hunger, weil der Boden vertrocknet ist, im Land nichts wächst. Wie mag es ihnen dabei gegangen sein? Waren sie verärgert – »Warum immer wir?« Oder waren sie ängstlich – »Wie sollen wir das bloß schaffen?« Oder eher pragmatisch – »Was muss, das muss«?

Sicherlich sind sie nicht mit neugieriger Lust aufgebrochen. Dazu war ihr Leben viel zu mühsam und der Weg eine Reise ins Ungewisse. Unsicher war ihr Leben schon jetzt. Haus und Hof, Acker und Brot, worauf sie sich verlassen haben, worauf ein Mensch sich verlassen können muss, wenn er nicht in dauernder Angst leben will, gaben ihnen nicht mehr, was sie zum Leben brauchten. Das Leben steht auf wackeligen Beinen, ruht auf brüchigen Fundamenten. Ihre Existenz ist ungesichert und gefährdet, alle Sicherheit, alles Glück nur vorübergehend – das erleben sie mit Schrecken.

Auch unser Leben ist von dieser Unsicherheit geprägt: Wird mich auch morgen noch meine Arbeit erfüllen und meine Partnerschaft glücklich machen? Werde ich mich noch zu Hause fühlen in meinem Körper, in meinem Leben, in meinen Freundschaften? Unsere Welt verändert sich immer schneller – worauf können wir uns noch verlassen? Ist das erst heute in unserer schnelllebigen Zeit so, oder gilt das nicht generell für das Menschsein, dass Wichtiges zerbricht, zerrinnt, sich verflüchtigen kann? Dass dieses Leben noch keine ewige Heimat bietet, sondern nur vorübergehend?

## GedankenGang

Wann musstest du zuletzt Vertrautes zurücklassen? Und wie ging es dir dabei?

## Abend

Noomi und ihrer Familie ist klar: Das ist kein Ausflug auf Zeit, keine kleine Episode oder vorübergehende Abwechslung. Es gibt kein Zurück in die Hunger-Heimat, sie müssen sich in Moab neu beheimaten. Reset, Neustart. Dort sind sie nur Außenseiter, Fremde, Niemande. Sie müssen sich eine neue Existenz aufbauen. Das gelingt ihnen, die beiden Söhne finden Frauen und können in heimische Familien einheiraten. Jetzt gehören sie wieder dazu.

Welch ein Segen, dass sie eine neue Heimat finden in diesem fremden Land. Das Fremde bleibt nicht fremd. Gut, dass man nach dem Unterwegssein auch ankommen kann.

## BRÜCHIGE HEIMAT

Rut 1,3 ff.

### Morgen

Noomis Familie ist heimisch geworden, die Söhne haben geheiratet, man hat sich eingerichtet. Das ist ein gutes Gefühl. Sie haben wieder Boden unter den Füßen, eine Heimat und Ruhe gefunden.

Aber dann stirbt der Vater – und dann auch noch die beiden Söhne. Nur noch Noomi ist übrig. Allein ist sie – mit den beiden Schwiegertöchtern aus dem fremden Volk der Moabiter. Allein ist sie in diesem fremden Land, hängt nun wieder in der Luft. Was will das schwere Schicksal ihr zeigen? Dass es keinen festen Boden unter den Füßen gibt? Dass jede Sicherheit Lug und Trug ist? Dass man gar nicht erst versuchen soll, sich in dieser Welt einzurichten und heimisch zu werden?

Wie auch immer: Noomi nimmt ihr Schicksal an, nimmt die Sache in die Hand – sie geht heim, nach Bethlehem, das ihre Heimat zumindest einmal gewesen ist. Die Erfahrung brüchiger Heimat macht sie nicht mutlos oder ängstlich, nicht kraft- oder orientierungslos. Weil sie erfahren durfte: Wenn ich die eine Heimat verloren habe, findet sich eine neue.

Sie ist sogar bereit, das letzte bisschen Heimat, das sie noch hat, das sie mitnehmen könnte, auch noch freizugeben: ihre Schwiegertöchter Orpa und Rut: »Bleibt hier, wo ihr herkommt. Ich kann euch keine Zukunft bieten.« Noomi steht an der Grenze, aber immerhin weiß sie, wohin sie will. Orpa und Rut hingegen müssen sich noch entscheiden, wo sie eigentlich hingehören.

Aber beide wollen mit Noomi mitgehen – aus Mitleid und Verantwortungsbewusstsein, oder weil sie selbst nicht mehr wissen, wo sie hingehören in dieser unsteten Geschichte?

Noomi drängt beide nachdrücklich zum Bleiben, bis zumindest Orpa zurückkehrt nach Moab. Aber Rut bleibt stur: *»Ich lasse dich nicht allein. Wohin du gehst, dahin gehe ich auch. Dein Volk ist mein Volk, und dein Gott ist mein Gott«* (Rut 1,16; GNB).

## GedankenGang

Kennst du Situationen, wo du wie die drei Frauen an der Grenze stehst, wie an einer Weggabelung und dich fragst, wo du hingehörst?

Mit welcher der drei Frauen kannst du dich am besten identifizieren? Bist du wie Noomi, für die ihr Weitergehen unstrittig und selbstverständlich ist? Oder wie Orpa, die zuerst zögerlich und unentschlossen ist und sich dann für das Vertraute entscheidet? Oder bist du eher wie Rut, die sich klar und entschieden auf Neues einlässt, sich sogar lebenslang an diese Entscheidung bindet?

Wärst du lieber wie eine andere, als du bist?

## Abend

Noomi hat ihre Schwiegertöchter freigegeben. Das ist viel in einer Situation, in der jeder Strohhalm zum Festhalten zählt. Großherzig sieht sie von sich ab, riskiert, alleine dazustehen. Wie gut, dass die Großzügige am Ende nicht verloren dasteht.

Nun ist Noomi wieder in Bethlehem. Sie ist zurück, aber es ist nicht mehr wie früher. Sie ist allein ohne Mann, ohne Hof und Acker und somit auch ohne Lebensgrundlage. Sie ist heim, aber ohne Zuhause, fremd im eigenen Land. *»Nennt mich nicht mehr Noomi, die Liebliche, sondern Mara, die Bittere«* (EIN), sagt sie zu den Leuten in Bethlehem, »Haus des Brotes«, das damals schon kein Brot für Noomi hatte und jetzt wieder nicht.

Etwas Heimat finden Noomi und Rut doch. Draußen, am Rand des Dorfes, am Rand der Äcker. Hier muss bei der Ernte für die Armen etwas Getreide stehen bleiben. Ein altes Schutzrecht für die Schwachen am Rand der Gesellschaft, eine letzte Sicherheit, die niemand nehmen darf. Dieser kleine Rest, dieser schmale Streifen Getreide, lässt die beiden überleben. Ein schmaler Streifen Heimat, den ihnen keiner nehmen kann.

Wie gut, dass Boas dieses Heimatgefühl verstärkt. Er weist seine Arbeiter an, bei der Ernte für Rut extra Getreide liegen zu lassen. Freundlich sollen sie zu ihr sein, obwohl sie eine Fremde aus Moab ist. Ihren Durst darf sie aus Boas Krügen stillen. Heimat ist da, wo man nicht kämpfen muss, sondern das Leben einem entgegenkommt.

Darum empfiehlt Noomi Rut: *»Bade und salbe dich, mache dich schön, und dann lege dich abends zu Boas, schlüpfe unter seine Decke«* (Rut 3,3-4; EIN). Frech ist das, aber ihr Mut wird belohnt. Nackt und schutzlos vertraut sie sich ihm an – und er heiratet sie, wird ihr zur neuen Heimat.

Wo gehöre ich hin? Diese Frage treibt Noomi und Rut immerzu an, im Loslassen, Aufbrechen und Losgehen aus Bethlehem, im Ankommen, Integrieren und Verwurzeln in Moab, im Eingehen von Beziehungen und im Sterben des Partners, im brüchigen Leben, das ihnen den Boden unter den Füßen wegzieht, und in neuem Heimischwerden. Wo gehöre ich hin, wo bin ich heimisch? So fragen die beiden sich, in ihrer unstet-pilgernden Existenz, die vom Vertrauen lebt auf den, der seine Hand über alle Welt hält. Gut, dass Boas im Segen diesem letzten Grund schon jetzt in Ruts Leben bringt: »*Der Herr belohne dich reichlich für das, was du Gutes getan hast, der Gott Israels, zu dem du gekommen bist, um Schutz zu finden unter seinen Flügeln*« (Rut 2,12; EIN).

# Elia • erschöpft, gerannt, genährt

## ICH WILL DICH

1. Könige 19

### Morgen

Gerannt bin ich, Elia, Prophet Gottes, einfach nur gerannt. Gerannt um mein Leben. Nicht, um es zu erhalten, sondern um es loszuwerden. Ich bin einfach nur erschöpft: »Nimmt denn der Stress gar kein Ende? Ich schaffe das nicht mehr, ich höre auf, ich steige aus.« Und so renne ich weg, Hauptsache weit weg, ins Nichts, in die Wüste. Ich habe kein Ziel, keine Idee, wohin es gehen könnte. Ich weiß nur: Ich kann nicht mehr. Nur irgendwie weg, weg von den Menschen, weg von all den Problemen, weg von mir selbst.

Darum schicke ich auch meinen Diener weg, so elend ist mir. Keiner soll mein Elend mitbekommen. Am liebsten wäre ich sogar mich selber los. Denn ich habe gemerkt: Ich bin nicht der, für den ich mich immer gehalten habe, ich entspreche nicht meinem Selbstbild. Ich wollte immer alles richtig machen und nun merke ich: *»Ich bin nicht besser als meine Väter«*. Ich bin auch nur mittelmäßig – aus der Traum vom tollen Elia. Ich gebe mich auf, setze mich unter einen

Wacholder – irgendwann werde ich austrocknen wie Dörrobst.

## GedankenGang

Manchmal muss man einfach weg. Ist dein Pilgern eher ein »weg von« oder ein »hin zu«? Gibt es etwas in deinem Leben, vor dem du einfach nur noch die Augen zumachen möchtest?

## Abend

Aber dann rührt mich, den lebensmüden Elia, etwas an, ganz sachte. Ich höre eine Stimme, ganz vorsichtig: »*Steh auf und iss!*« Gib dich nicht auf. Aber ich stelle mich schlafend, nein, ich will nicht mehr.

Da rührt mich einer an. Da spricht mir einer etwas zu, da lässt mich einer nicht in Ruhe: »*Steh auf und iss!*« Tatsächlich, da steht Brot, da steht Wasser. Lebensmittel, das Notwendige, das, was die Not wendet. Ich esse, ich trinke – und lege mich wieder schlafen. So tief ist meine Müdigkeit, so sehr zieht meine Unzufriedenheit mit mir mich runter, dass ich mich wieder hinlege.

Aber wieder werde ich berührt und höre eine Stimme, wie von einem Engel: »*Steh auf und iss!*« Da steht ein geröstetes Brot, ein Krug mit Wasser. Der Engel lässt nicht locker. »Auch wenn du dich aufgibst, ich gebe dich nicht auf. Auch wenn du nicht mehr willst, ich will dich.« Und er fügt noch etwas hinzu: »*Steh auf und iss! Denn du hast einen weiten Weg vor dir.*« Dein Leben geht weiter und es bleibt anspruchsvoll. Das kann ich dir nicht ersparen. Ich nehme dir deinen Weg nicht ab. Aber du bekommst, was du dafür brauchst.

Ein Schluck, und noch einer, und ein Bissen Brot – langsam werde ich wieder lebendig, und ich denke: Manchmal ist es gut, dass ich nicht das letzte Wort habe.

### Gebet

*Ich schöpfe Atem, vor dir, Gott.*
*Am Abend lege ich das Vergangene in deine Hände:*
*Habe Dank für das Gute, das mir geschenkt wurde.*
*Alles Unfertige und was mich ärgert,*
*vertraue ich dir an.*

## WEGZEHRUNG

1. Könige 19

### Morgen

»*Steh auf und iss! Denn du hast einen weiten Weg vor dir.*« Ich stehe auf und laufe los – ich weiß nicht warum. Ich weiß nicht, woher Brot und Wasser kommen, warum die Worte des Engels mich überzeugt haben. Wie können Worte eine solche Kraft haben? Ich habe doch gerade erst mit meinem Leben abgeschlossen – und nun beginne ich von Neuem. 40 Tage und 40 Nächte gehe ich. Wie können Worte, Brot und Wasser so weit tragen?

## GedankenGang

Welche Worte haben dir Kraft gegeben? Wenn du heute auf Menschen triffst, versuche ihnen kräftigende Worte zu sagen, Wegzehrung fürs Gemüt!

## Abend

Nach 40 Tagen und Nächten komme ich am Berg Gottes an, dem Horeb. Hier suche ich den Grund für das, was mich staunen macht. Erhalte ich eine Antwort?

Als Erstes zähle ich Gott meine Taten auf, alles, was ich für Gott geleistet habe, und das war nicht wenig. Hinterher grüble ich, warum ich das gemacht habe. Hätte ich besser von mir schweigen und ihm zuhören sollen? Wollte ich endlich wieder stark sein? War mir dieser Schwächling Elia peinlich? Aber Gott lässt sich nicht auf dieses Machtgehabe ein. Sanft spricht er zu mir. Kein Zeigefinger, kein »Stell dich nicht so an« – einfach eine sanfte Berührung des Windes. Weich, zart, verständnisvoll: »Gerade mit deinem zerbrochenen Herzen bist du mir lieb.«

## Gebet

*Lieber Gott, wie ein guter Vater sorgst du für mich,*
*dass mir ja nichts fehlt.*
*Du zeigst mir, wie bunt das Leben ist*
*und führst mich auf überraschende Wege.*
*Wie eine liebevolle Mutter kümmerst du dich um mich*
*und sorgst für mein Glück.*
*Du zeigst mir den richtigen Weg,*
*damit wir uns nicht aus den Augen verlieren.*

*Wenn es einmal schlimm kommen sollte,*
*dann habe ich keine Angst:*
*Als bekäme ich Flügel,*
*so trägst du mich hindurch.*
*Dicht bei mir bist du,*
*an dir kann ich mich festhalten.*
*Bei dir komme ich zur Ruhe,*
*selbst wenn alles um mich herum laut ist.*
*Du streichelst mir über den Kopf*
*und umgibst mich mit deiner Zärtlichkeit.*
*Mein Leben hat ein klares Ziel,*
*bis ich eines Tages ganz bei dir zu Hause bin.*
(nach Psalm 23)

# David · Versager und Held

## BIN ICH GUT?

**1. Samuel 16**

### Morgen

»*Was ist der Mensch, dass du seiner gedenkst?*« – diesen Vers aus Psalm 8 kannst du sehr unterschiedlich hören: Wie großartig bin ich, dass sogar Gott nicht daran vorbeikommt, mich zu würdigen. Oder genau umgekehrt: Nicht, weil ich so toll bin, sondern weil ich im Gegenteil dürftig bin, sieht Gott mich an.

Dieser Psalm wird David zugeschrieben. Berühmt ist die von Michelangelo geschaffene Figur Davids: Jung und schön steht er da, ohne Falten und Makel. Muskulös gebaut und mit Weitblick, in sich ruhend und aufrecht, nackt und zugleich ohne Scham. Selbstbewusst: »Ich bin wer, ich kann etwas, ich bin gut.« David wirst du dich in den nächsten Tagen widmen – mit seinen Stärken und Schwächen, Erfolgen und Misslingen.

### GedankenGang

Stärken und Schwächen – beides gehört zum Menschsein. Sammle Stärken und Schwächen, die dich ausmachen – vielleicht hilft es dir, das zu notieren. Fällt dir das Füllen der einen Waagschale leichter? Hättest du vor 20 Jahren andere Dinge genannt?

## Abend

David ist das jüngste der vielen Geschwister, körperlich eher schwächlich und klein. Das ist schwer, wenn der Älteste erbt, und er sich als Hirte durchboxen können muss. Auf seiner Waagschale wiegen die Schwächen eindeutig schwerer.

Als der Prophet Samuel kommt, um einen der Brüder zum König zu salben, da schickt der Vater seine sieben Söhne der Reihe nach zu Samuel, aber Samuel lehnt sie einen nach dem anderen ab. Er hat Gottes Wort im Ohr: »*Sieh nicht an sein Aussehen und seinen hohen Wuchs; ich habe ihn verworfen.*« Einen nach dem anderen lehnt er ab: »*Auch diesen hat der Herr nicht erwählt.*« Erst auf Nachfrage rückt Vater Isai damit raus, dass es noch einen weiteren Sohn gibt – doch der ist der Jüngste, hütet die Schafe und kommt darum wohl nicht in Frage. Aber Samuel erinnert sich, dass Gott anders sieht: »*Ein Mensch sieht, was vor Augen ist; der Herr aber sieht das Herz an.*« Er lässt David holen und erkennt ihn »*von guter Gestalt mit schönen Augen*«. David wird gesalbt und Gottes Geist bleibt über ihm.

## Gebet

*Großer Gott, Schöpfer der Welt,*
*wohin ich auch schaue,*
*an den kleinen Dingen und beim Blick in das Weltall,*
*überall sehe ich deine Wunder.*
*Alles zeigt mir,*
*wie sehr du das Leben liebst.*
*Wer hinsieht erkennt:*
*Bei dir ist das Leben in guten Händen.*
*Wenn ich nachts nach oben schaue,*
*Mond und Sterne, Planeten und Kometen,*
*den Himmel, deiner Finger Werk,*
*das große Himmelszelt, das sich über mich wölbt –*
*das alles kommt von dir.*
*Und ich kleiner Mensch –*
*was bin ich dann schon?*
*Ja, was bin ich Mensch, dass du meiner gedenkst,*
*dass du mich siehst und ich dir wichtig bin?*
*Du hast mit mir etwas vor,*
*der du das ganze Weltall geschaffen hast?*
*Ich kann mich dir anvertrauen,*
*der du die ganze Welt im Blick hast?*
*So groß machst du mich, Gott,*
*das macht stolz – und auch ein wenig verlegen.*
*Warum nimmst du mich so wichtig, Gott?*
*Darüber kann ich nur staunen.*

(nach Psalm 8)

# PLÖTZLICH HELD

1. Samuel 17

## Morgen

Nun bin ich also gesalbt, ich David, der kleine Bruder und Hirte. Wie es sich so als Gesalbter Gottes lebt? Wie es ist, vom Kleinsten zum Größten, vom Außenseiter zum Besonderen, vom Looser zum King zu werden? Glücklich bin ich mit der neuen Rolle nicht. Manchmal ist es angenehmer, in der Masse der Normalen und Mittelmäßigen mitzuschwimmen. Wie schön wäre es, jetzt einfach wie gewohnt mit den Schafen auf der Wiese zu sein. Im Nachhinein merke ich, wie schön das sein kann, in der zweiten Reihe zu stehen.

Aber dann kam der Krieg. Meine drei ältesten Brüder ziehen in den Kampf – ich nicht. Da spüre ich deutlich: Ich bin und bleibe der kleine Bruder, noch nicht einmal Mittelmaß. Daran ändert auch nichts, dass ich Gottes Gesalbter bin. Was soll ich davon halten?

Immerhin bittet mich mein Vater, den Brüdern Käse und Getreide zu bringen – und dem Vater die Nachricht, dass sie noch leben.

Als ich zum Heer komme, spüre ich die angespannte Stimmung sofort. Das gegnerische Heer hat einen Kämpfer vorgeschickt, einen Riesen von Mann. Der fordert zum Zweikampf heraus. Und je ängstlicher unser Heer zurückweicht, desto mehr spottet der Riese.

Ich mische mich ein, ganz spontan: »Wie kann es sein, dass sich keiner zum Zweikampf stellt?« Da fährt mich Eliab an, mein ältester Bruder: »Was machst du hier? Hier hast du nichts zu suchen, du gehörst zu den Schafen. Tu deine Pflicht. Mache dich nicht größer, als du bist, Wichtigmacher. Du willst ja nur gaffen.« Bei ihnen bin und bleibe ich der kleine Bruder, der Hilfsknecht, einer unter Vielen.

## GedankenGang

Kannst du mit David mitfühlen? Willst du manchmal lieber normal sein? Und wenn du dann doch das Wort ergreifst – und andere dich zurück in die hintere Reihe schieben?

## Abend

Da kann mein großer Bruder sagen, was er will, mich zieht es nach vorn, ich rede mit König Saul, aber auch er erwartet sich nichts von mir: »*Du kannst nicht hingehen zu diesem Philister, mit ihm zu kämpfen; denn du bist ein Knabe, dieser aber ist ein Kriegsmann von Jugend auf.*« Ich aber rede mich in Schwung, dass ich – nun ja, vielleicht überziehe ich etwas – als Hirte schon mit Bären und Löwen fertig geworden sei; Gott sei also mit mir.

Saul willigt ein, dass ich gegen den Riesen kämpfe – war er überzeugt, oder hatte er einfach keine Alternative? Er gibt mir seine Rüstung – als Hirte habe ich ja keine eigene. Aber ich weiß gar nicht, wie man Schild und Schwert trägt – ich muss sie wieder ablegen, vor allen Leuten. Das fängt ja gut an. Ich ziehe also mit meinem Hirtenstab vor den Riesen. Der machte sich lustig über mich – und über meinen Gott.

Aber gerade Gott war das Einzige, was ich hatte. So entgegne ich ihm: »*Du kommst zu mir mit Schwert, Spieß und Sichelschwert, ich aber komme zu dir im Namen des Herrn Zebaoth ... Alle sollen merken, dass der Herr nicht durch Schwert oder Spieß hilft.*« Naja, ob ihn das beeindruckt?

So liefen er und ich aufeinander zu. Außer Gott habe ich nur die Steinschleuder, das Spielzeug der Kinder, die Waffe des kleinen Mannes. Und tatsächlich: Mein Stein traf die Stirn, der mächtige Gegner war erledigt. Und nicht nur er, das ganze Heer der Philister, 3000 Mann, floh in wilder Panik.

Gerade mich und meine kleine schwache Waffe hat Gott stark und wirksam werden lassen. Gottes Kraft ist in den Schwachen mächtig (2. Kor 12,9). So kann es kommen, wenn man nicht in der zweiten Reihe stehen bleibt.

## Gebet

*Herr, unsere Zeit verrinnt wie Sand in der Hand,*
*viel Zeit verbringen wir mit Unsinn*
*und läppischen Dingen.*
  *Wir mühen uns ab mit Nebensächlichem,*
  *das uns nur ablenkt.*
*Das soll dann am Ende unser Leben gewesen sein?*
*Smalltalk und Putzen, Kurznachrichten und ToDo-Listen – mehr nicht?*
  *Die Zeit geht so schnell vorbei,*
  *als würde sie im Wind verwehen.*
*Lass uns daran denken, dass unser Leben eine Grenze hat,*
*damit wir einsichtig werden.* →

*Zeige mir das Wesentliche*
*und hilf mir, mich darauf zu konzentrieren.*
*Du bist ja mein Gott*
*von Anfang an bis in alle Zukunft.*
(nach Psalm 90)

## EIN ECHTER FREUND

1. Samuel 18–20

### Morgen

Ich bin Jonathan, der Sohn von König Saul. Ich bin kein Kind mehr, habe mich schon im Kampf bewiesen. Nun ist David nach seinem Sieg zu uns an den Königshof gezogen. Für mich ist das schön, wir sind etwa gleich alt, verstehen uns prächtig – ich habe einen echten Freund gefunden. Andere werden das später zu Recht so beschreiben: »*Da verband sich das Herz Jonathans mit dem Herzen Davids, und Jonathan gewann ihn lieb, wie sein eigenes Leben. ... Und Jonathan schloss mit David einen Bund, denn er hatte ihn lieb wie sein eigenes Leben.*« Das geht so weit, dass ich David sogar Gewand und Gürtel, Schwert und Bogen gebe, das Wertvollste, was ich habe. Ja, es ist wirklich eine tiefe Freundschaft zwischen uns.

Allerdings wird sie auf die Probe gestellt. Mein Vater ist depressiv und zusehends schlecht auf David zu sprechen. Denn David ist erfolgreicher, kommt einfach besser an, auch bei den Frauen. Die Leute singen auf der Straße: »*Saul hat tausend erschlagen, aber David zehn-*

*tausend.«* Immer mächtiger wird Vaters Angst vor dem beliebten jungen erfolgreichen David.

Das kann nicht gutgehen. Eines Tages hat mein Vater David geholt, damit er ihm mit Harfe und Gesang die Stimmung aufhellt. Plötzlich schleudert er einen Spieß auf David, der gerade noch ausweichen kann. Es ist absehbar, dass die nächste Attacke folgen wird. Ich bin hin und her gerissen. Zu wem soll ich mich halten? Zu meinem Vater, von dem ich abstamme, dem ich mein Leben verdanke, dessen Nachfolger ich bin? Oder zu David, meinem Freund, auf dem augenscheinlich Gottes Kraft ruht? Und – ich will eigentlich nicht daran denken, aber manchmal kommt es mir doch in den Sinn: Ich bin der designierte Thronfolger, aber David ist der von Gott Gesalbte und zum König Erwählte – sind wir Konkurrenten?

## GedankenGang

Erinnere dich, wo du in einem Loyalitätskonflikt gestanden hast. Wie ging es dir damit und wie hast du dich entschieden?

## Abend

Ich will mich nicht entscheiden zwischen Vater und David. Ich will beide, hänge an beiden, versuche zu vermitteln. Ich rede mit Vater, erinnere ihn an das, was David für ihn getan hat. Er verspricht mir, David nicht zu töten. Aber das ist nur eine Verschnaufpause, denn David ist erfolgreich, und mein Vater hat Angst vor dem Konkurrenten. Ich bekomme mit, dass mein Vater David aus dem Weg räumen will. Soll ich David warnen – und meinen Vater verraten?

Schweren Herzens stelle ich mich gegen meinen Vater und warne David. Denn David und ich haben einander ewige Treue geschworen, denn »wir haben einander lieb wie das eigene Leben.« David flieht, aber mein Vater wird misstrauisch, bemerkt die Abwesenheit Davids,– und ich greife zur Notlüge »David ist zu seiner Familie auf Besuch«. Ganz rot werde ich dabei, denn so etwas habe ich noch nie gemacht, meinen eigenen Vater zu belügen. Sofort kommt er mir auf die Schliche, wirft mir vor, auf Davids Seite zu stehen. Nun verteidige ich David – und mein Vater schleudert den Spieß auf mich, seinen eigenen Sohn. Ich verlasse den Hof. Nun habe ich ihn verloren, meinen Vater. Kann ich nur so erwachsen werden?

## Gebet

*›Ein Spatz in der Hand ist besser*
*als eine Taube auf dem Dach‹*
*sagen die Menschen.*
*Du aber, Gott,*
*lockst mich weit hinaus.*
*Deine Hoffnung kennt keine Grenze,*
*deine Sehnsucht ist voller Kraft.*
*Du steckst mir große Ziele,*
*die über alles Realistische hinausgehen.*
*Gib mir einen langen Atem*
*und einen weiten Horizont,*
*der den Frieden sucht,*
*der höher ist als alle Vernunft.*

# VERSCHONEN

1. Samuel 24

## Morgen

David ist auf der Flucht. Wie fühlt er sich dabei? Voller Hass auf Saul, der ihn ungerechtfertigterweise umbringen will? Ärgerlich auf Gott, dessen Gesalbter er doch ist? Dankbar gegenüber Jonathan, der sich auf seine Seite gestellt hat? – David bleibt nicht viel Zeit, dem nachzuspüren und nachzudenken. Denn Saul ist mit einem großen Heer hinter ihm her.

*In der Erzählung wirst du heute immer wieder aufgefordert, dich in eine der Personen hineinzuversetzen. Am besten, du sprichst deine Antwort laut aus, als dieser Mensch, in der 1. Person: »Ich will jetzt ..., ich fühle, dass ... .« Am besten spontan, was du jetzt denkst, dass es zu dieser Person passt. Es können auch mehrere (sich widersprechende) Antworten sein.*

Wie geht Davids Geschichte weiter?

David zieht sich in die schwer zugänglichen Berge bei En-Gedi zurück. ... Saul wurde gemeldet: »David ist jetzt in der Bergwüste bei En-Gedi!«[1]

» *Saul, du weißt nun, wo du David findest: Was geht dir durch den Kopf?*

Saul nahm 3000 der besten Kriegsleute aus ganz Israel mit. Östlich der Steinbockfelsen machte er sich auf die Suche nach David und seinen Männern. Als er eine Höhle entdeckte, ging er hinein, weil er dringend auf Toilette musste. Aber hinten in dieser Höhle hatte sich David mit seinen Männern versteckt.

» *David, wenige Meter vor dir hockt schutzlos Saul: Was möchtest du jetzt machen?*

Davids Leute flüsterten ihm zu: »*Heute ist der Tag, von dem der HERR zu dir gesagt hat: ›Ich gebe deinen Feind in deine Hand. Du kannst mit ihm machen, was du willst.‹*«

» *David, was möchtest du deinen Leuten antworten?*

## GedankenGang

Wie geht es dir in so einer Situation der Stärke, wenn du Macht über andere hast, auch moralisch im Recht bist? Gibt es widersprüchliche Stimmen in dir?

## Abend

David auf der Flucht – aber nun hat sich in der Höhle das Blatt gewendet. Wie geht es weiter?
David stand auf und schnitt heimlich einen Zipfel von Sauls Gewand ab.

» *David, wie fühlst du dich mit dem unbemerkt abgeschnitten Stück Stoff in der Hand?*

Hinterher hatte er Gewissensbisse, weil er es gewagt hatte, dem König etwas Stoff vom Mantel abzuschneiden. Er sagte zu seinen Leuten: »*Der HERR bewahre mich davor, dass ich Hand an meinen Gebieter lege, an den gesalbten König des HERRN! Denn das ist und bleibt er.*« Er wies seine Männer zurecht und verbot ihnen, sich an Saul zu vergreifen. Als Saul die Höhle verlassen hatte, um seinen Weg fortzusetzen, kam David heraus und rief ihm nach:

» *David, was sagst du König Saul jetzt?*

David rief Saul nach: »*Mein Herr und König! ... Warum lässt du dir einreden, dass ich dich ins Verderben stürzen will? Heute kannst du dich mit eigenen Augen vom Gegenteil überzeugen. Hier in der Höhle hatte der* HERR *dich in meine Hand gegeben; meine Leute haben mir zugesetzt, dass ich dich umbringen soll. Aber ich habe dich geschont, weil ich dachte: Er ist der gesalbte König des* HERRN. *Sieh diesen Zipfel deines Gewandes hier in meiner Hand! Ich hätte dich töten können, aber ich habe nur dieses Stück von deinem Gewand abgeschnitten. Daran musst du doch erkennen, dass ich ... dir nichts Böses antun will. Ich habe dir nichts getan, und doch stellst du mir nach und willst mich umbringen. Der* HERR *soll Richter sein und zwischen dir und mir entscheiden. Er soll meinen Streit gegen dich führen und mir zu meinem Recht verhelfen.*« Als David ausgeredet hatte, sagte Saul:

» *Saul, was sagst du jetzt zu David?*

»*Ist das wirklich deine Stimme, mein Sohn David?*« Und er brach in lautes Weinen aus. Dann sagte er zu David: »*Du bist im Recht gegen mich. Du bist gut zu mir gewesen, obwohl ich dir Böses angetan habe. Heute hast du es bewiesen; denn du hast mich verschont. Der* HERR *hatte mich in deine Hand gegeben, aber du hast mich nicht getötet. Wo kommt so etwas vor, dass einer seinen Feind in der Hand hat und ihn unbehelligt laufen lässt? Der HERR wird dich dafür belohnen.«*

» *Soldat Sauls, du hast mitbekommen, wie David Saul verschont hat. Du hast Sauls Worte gehört: Wie findest du das Verhalten Davids?*

Ist Saul von David verschont worden, weil er Gesalbter Gottes ist? Oder zeig sich das Gesalbt-Sein bei David, weil er verschonen kann? – Woran wird Gottes Salbung (Segen) sichtbar?

## Gebet

*Oft denke ich: Auf niemanden ist Verlass,*
*jeder denkt nur an sich.*
*Auf meine Kosten machen sich die anderen breit.*
*Sie sitzen oben am Tisch, und ich mache den Abwasch.*
*Sie fahren die Ellenbogen aus*
*und ernten, was ich gesät habe.*
*Dann ballt sich meine Faust,*
*und ich werde starr vor Ärger.*
*Das alles hilft mir aber kein bisschen weiter –*
*aber hilft, was du sagst, Gott?*
*Entrüste dich nicht über die Bösen,*
*sei nicht neidisch auf die Übeltäter.*
*Denn wie das Gras werden sie bald verdorren,*
*und wie das grüne Kraut werden sie verwelken.*
*Folge Gottes Weg,*
*der wird dir geben, was dein Herz wünscht.*

*Besser eine einfache Suppe mit lauterem Herzen*
*als ein Menu mit schlechtem Gewissen.*
    *Befiehl dem Herrn deine Wege*
    *und hoffe auf ihn, er wird's wohlmachen.*
*Reg' dich nicht auf,*
*entrüste dich nicht, dass du nicht Unrecht tust.*
    *Freu dich, dass du auf der richtigen Seite stehst,*
    *denn Lügen haben kurze Beine,*
    *Bösewichter sind Eintagsfliegen.*
*Sie knirschen mit den Zähnen,*
*aber Gott lacht über sie.*
    *Lerne Gottes Lachen,*
    *das überwindet alle Gemeinheit.*
*Selig, die reinen Herzens sind,*
*denn ihrer ist das Reich Gottes.*
(nach Psalm 37)

## ABIGAJIL

1. Samuel 25

### Morgen

So edel Davids Großmut gegenüber Saul ist – seine Lage bleibt prekär. »*Es sammelten sich bei ihm allerlei Männer, die in Not und Schulden und verbitterten Herzens waren.*« Da bekommt er mit, wie ein gewisser Nabal für seine Hirten das Fest der Schafschur feiert. David schickt einige seiner Leute hin, um auch etwas abzubekommen. Nabal aber weist sie zurück.

David rüstet 600 Mann gegen Nabal. Dessen Frau Abigajil, schön und klug, bekommt dies mit, geht heimlich mit reichlich Geschenken zu David, entschuldigt sich und distanziert sich von ihrem Mann und seinem Verhalten. Schließlich bedeute sein Name Nabal nichts anderes als Narr. David dankt Abigajil, dass sie ihn vor der Selbstjustiz bewahrt hat und nimmt die Geschenke an.

## GedankenGang

Wie geht es dir mit David, Nabal und Abigajil? Was denkst du von David, der sich mit Gewalt sein Teil nehmen will, von Nabal und seinem »Meins bleibt meins« und von Abigajil, die pragmatisch hintenrum die Kuh vom Eis holt? Wer ist dir sympathisch? Wie gehst du mit Konflikten um?

## Abend

Abigajil kommt zu ihrem Mann zurück und muss ihn informieren, was sie gemacht hat. Nichtsahnend empfängt er sie mit einem festlichen Mahl – betrunken schon und guter Dinge. Sie feiern. Aber als er am nächsten Morgen nüchtern ist, erzählt sie ihm alles. »*Da erstarb sein Herz in seinem Leibe, und er ward wie ein Stein. Und nach zehn Tagen schlug der HERR den Nabal, dass er starb.*« Als David davon hört, dankt er Gott und wirbt um Abigajil. Mit Erfolg. – Ist Gott auf der Seite der Geschickten, die wissen, wie sie ihr Teil abbekommen?

## Gebet

*Man kann doch nicht zu allem Ja und Amen sagen*
*und jeder Gemeinheit die Backe hinhalten.*
*Eine zweite Chance – ok,*
*aber immer weiter geduldig sein?*
*Darf ich denn nie die Hoffnung aufgeben und sagen:*
*›Das wird eh nichts – vergebliche Liebesmüh ...‹?*
*Ich ahne, was du sagst, Gott:*
*›Du willst doch auch, dass ich geduldig mit dir bin.‹*
*Aber bin ich Gott?*
*Muss meine Hoffnung ewig sein?*
*Es tut mir gut,*
*wie du mir immer wieder die Hand reichst.*
*Du rechnest nicht auf,*
*was ich alles falsch gemacht habe.*
*Was ich eigentlich verdient hätte –*
*du siehst darüber hinweg.*
*Wenn ich enttäuscht merke:*
*›So toll bin ich auch nicht.‹*
*Mein guter Wille ist wie eine Blüte,*
*die schneller welkt als gedacht.*
*Aber geduldig und von großer Güte bist du,*
*das will ich nie vergessen.*
*Wie einen Mantel*
*breitest du deine Gnade über meine Fehler.*
*Angenommen hast du mich*
*mit Stärken und Schwächen.*
*Ich bekomme Abstand zu meinem Versagen*
*und kann wieder atmen.* ➔

*Du wirst darum kämpfen,*
*dass ich nicht vom Weg abkomme.*
*So fern der Morgen ist vom Abend,*
*so unterscheidest du zwischen mir und dem Unfug,*
*den ich anstelle.*
*Denn so hoch der Himmel über der Erde ist,*
*so ausdauernd ist deine Geduld mit mir.*
(nach Psalm 103)

## NEHMEN, WAS MAN WILL?

2. Samuel 11

### Morgen

Jahre sind vergangen. David ist König geworden. Er hat Jerusalem prächtig zur Hauptstadt ausgebaut, auch einen schönen Palast für sich. Sogar die Bundeslade, Zeichen der Anwesenheit Gottes, ist festlich in die Stadt gebracht worden. Er gewinnt Kriege und ist beliebt. Es läuft gut für David.

Da sendet Gott den Propheten Nathan zu David, der zu ihm spricht: »*Es waren zwei Männer in einer Stadt, der eine reich, der andere arm. Der Reiche hatte sehr viele Schafe und Rinder; aber der Arme hatte nichts als ein einziges kleines Schäflein, das er gekauft hatte. Und er nährte es, dass es groß wurde bei ihm zugleich mit seinen Kindern. Es aß von seinem Bissen und trank aus seinem Becher und schlief in seinem Schoß, und er hielt's wie eine Tochter. Als aber zu dem reichen*

*Mann ein Gast kam, brachte er's nicht über sich, von seinen Schafen und Rindern zu nehmen, um dem Gast etwas zuzurichten, der zu ihm gekommen war. Und er nahm das Schaf des armen Mannes und richtete es dem Mann zu, der zu ihm gekommen war.*«

## GedankenGang

Wo siehst du dich in der Geschichte, im Armen, im Reichen, als Beobachter? Was ist deine spontane Reaktion? – Und hast du eine Idee, welche Reaktion zu David passen könnte?

## Abend

Da geriet David in großen Zorn über den Mann und sprach zu Nathan: »*So wahr der Herr lebt: Der Mann ist ein Kind des Todes, der das getan hat! Dazu soll er das Schaf vierfach bezahlen, weil er das getan und sein eigenes geschont hat.*« Da sprach Nathan zu David: »*Du bist der Mann!*«

David ist ertappt. Sofort versteht er, worauf Nathan anspielt: Vor einiger Zeit hat David eines Nachts die schöne Bathseba beim Baden gesehen und sich sofort in sie verliebt. Er schläft mit ihr, und sie wird schwanger. Dummerweise ist sie die Frau seines verdienten Heerführers Uria. David sendet ihn an eine besonders gefährliche Front und – die List gelingt – Uria wird getötet. So ist der Weg für David frei – er kann die schwangere Bathseba heiraten.

»*Du bist der Mann!*« – David kann den Worten des Propheten nicht ausweichen. Er, der schon so viel hat,

Königswürde und Palast, Erfolg und Reichtum, nimmt sich auch noch, was ihm nicht gehört. »*Der Mann ist ein Kind des Todes, der das getan hat!*«, war seine gerechte Forderung. Sie richtet sich nun gegen ihn selbst. David gesteht seine Fehler klar ein: »*Ich habe gesündigt gegen den Herrn.*« Gott straft ihn – auch ein Herrscher muss Grenzen achten. Aber Gott lässt ihn am Leben, er weiß, wie schwer es Starken fällt, Schwächen einzugestehen.

## Gebet

*Wer ist eigentlich stärker, Gott,*
*du oder deine Widersacher?*
  *Ich möchte mich ja gerne darauf verlassen,*
  *dass du den längeren Atem hast.*
*So frech trumpfen die Hinterhältigen auf,*
*dass sich mir die Faust ballt.*
  *Wie lang sollen sie noch ihr Unwesen treiben?*
  *Zieh sie doch endlich zur Rechenschaft!*
*Ihre Gemeinheit soll mich nicht anstecken,*
*ihre Ellenbogen will ich mir nicht zu eigen machen.*
  *Wenn ihre Gemeinheit auf mich abfärbt,*
  *dann schüttle diese Gedanken wie Staub von mir ab.*
*Gott schläft, sagen sie, er sieht's nicht –*
*und manchmal bin auch ich unsicher, ob es dich kümmert.*
  *Der das Ohr gepflanzt hat, sollte der nicht hören?*
  *Der das Auge gemacht hat, sollte der nicht sehen?*
*Du wirst deine Welt nicht im Stich lassen, Gott,*
*Recht muss doch Recht bleiben.*
  *Wenn mein Fuß strauchelt, hältst du mich,*
  *dein Trost erquickt meine Seele.*

*Dein ist das Recht, du hast den längeren Atem,*
du wirst das Gute zum Ziel führen.
(nach Psalm 94)

## DER EIGENE SOHN

2. Samuel 15–18

### Morgen

Nun bin ich, David, schon einige Jahre König. Vieles gelingt mir, aber ich werde auch müde – die Jahre und ihre Verantwortung gehen nicht spurlos an mir vorüber. Dazu kommen noch Probleme in der Familie. Mein Sohn Amnon hat seine Halbschwester Tamar vergewaltigt. Ich habe geschimpft, aber ihn nicht groß bestraft, ich habe einfach meine Ruhe gewollt. Mir ist alles irgendwie zu viel gewesen. Darum hat mein Sohn Absalom die Sache in die Hand genommen, Tamar gerächt und Amnon umgebracht – ich glaube, er fand mich zu nachgiebig und schwach. Da musste ich als König Stärke zeigen und ihn in die Schranken weisen.

Absalom ist aber außer Landes geflohen und dann nach einigen Jahren zurückgekehrt nach Jerusalem – aber ich habe mich weitere zwei Jahre geweigert, ihn zu sehen. Dabei habe ich ihn durchaus geliebt, er war schön, stark, männlich und außerdem mein Sohn. Aber als König kann ich so etwas nicht einfach laufen lassen, da muss ich für Ordnung sorgen. Sachzwänge halt. Zumal ich immer gespürt habe, dass ich ihm zu schwach und zaudernd bin. Er ist jung und dynamisch, ehrgeizig und zielstrebig.

Was dann gekommen ist, habe ich erst hinterher gemerkt: Über die Jahre hat er seine Leibgarde ausgebaut, sich bei den Leuten beliebt gemacht, durchaus hinterhältig die Sympathien des Volks geraubt – und dann geputscht. Nun sitzt er in Jerusalem auf dem Thron – und ich hier im Abseits, auf der Flucht, vertrieben vom eigenen Sohn.

## GedankenGang

Kennst du Erfahrungen wie David? Du baust etwas auf und es wird dir weggenommen, du ziehst etwas groß und es wendet sich gegen dich. Wie reagierst du? Schimpfst du »undankbar« oder freust du dich »emanzipiert«?

## Abend

Ich bin vertrieben vom eigenen Sohn, aus dem eigenen Haus, aus der von mir groß gemachten Hauptstadt. Aber ich will mich nicht unterkriegen lassen. Will ich es mir noch einmal beweisen, was in mir steckt? Oder will ich es meinem Sohn zeigen, was sich gehört? Oder habe ich Angst um meinen Sohn, um mein Werk, das Königreich, oder um mich?

Ich stelle meine Truppen zusammen, befehle ihnen den Angriff, aber auch, dass sie meinen Sohn Absalom schonen sollen. Mit einer Lüge locke ich Absalom in den Kampf, sein Heer wird geschlagen. Auf der Flucht bleibt er mit seinem wallenden Haar in den Zweigen einer Terebinthe hängen. Und mein Vertrauter Joab tötet ihn doch. Als Joab mir das schildert, breche ich zusammen – mein schöner, starker Sohn, auf den ich so stolz war. Weinend und klagend laufe ich umher, verzweifelt, bis Joab sich beschwert: Du beschämst das Heer, das sich für deine Rettung eingesetzt hat. Da habe ich mich zusammengerissen, mich den Truppen gezeigt und die Sieger geehrt. Staatsräson, ich bin eben eine öffentliche Person.

Das Heer hat seine Arbeit getan, aber so habe ich mir das Ergebnis nicht gewünscht. Ich habe gewonnen und bin wieder König, aber ich habe auch verloren, meinen Sohn.

## Gebet

*Wenn meine Schritte ängstlich werden,*
*und meine Kreise immer kleiner,*
*wenn ich mir nichts Neues zutraue,*
*nur mache, was ich immer schon gemacht habe,*
*dann leihe mir dein Ohr,*
*reiche mir deine Hand!*
*Dir vertraue ich mich an,*
*Du, starker Fels, feste Burg.*
*In deine Hände befehle ich meinen Geist,*
*denn du stellst meine Füße auf weiten Raum.*
*Gib meinen müden Beinen Kraft,*
*lass meine trüben Augen wieder strahlen.*
*Lass leuchten dein Antlitz über mir,*
*schau mich an, dass dein Mut mich ansteckt.*
*Wie schön wäre es, wenn ich wieder sagen könnte:*
*Meine Zeit steht in deinen Händen.* →

*Deine Hand hält mich*
*im Auf und Ab der Dinge.*
*Sie hält mich nicht fest,*
*sie gibt mich frei.*
*Du trägst mich auf Flügeln der Liebe.*
*So habe ich Lust, ins Neue aufzubrechen.*
*Freiheit beginnt, wenn ich dir vertraue:*
*Mit dir stehen meine Füße auf weiten Raum.*
(nach Psalm 31)

## VERSAGER UND HELD

### Morgen

Sechs Tage bist du mit David unterwegs gewesen. Heute schaust du sein Leben im Ganzen an. Davids Leben ist extrem durchwachsen, geprägt vom Auf und Ab. Erstaunlich für eine offizielle Person, einen König, den Gesalbten Gottes ist, wie ehrlich die Bibel das schildert. Sympathisch ist das, zur Identifikation einladend: ein König zwar, aber letztlich doch ein Mensch wie du und ich, ein Gesalbter Gottes, aber kein Engel.

Gehen wir den Weg seiner Biografie noch einmal nach:

» *Der* **Jüngste** *der Brüder, ein einfacher Hirte, aber Gott wählt gerade ihn als Gesalbten aus. Nicht die äußere Gestalt zählt, sondern: »Ein Mensch sieht, was vor Augen ist; der Herr aber sieht das Herz an.«*

- *Dann der Sieg über* **Goliath**. *Wie dem Knirps keiner etwas zutraut. Aber im Vertrauen auf den, der ihn erwählt hat, tritt er vor – und gewinnt: »Gottes Kraft ist in den Schwachen mächtig.«*
- **Jonathan**, *der sich entscheiden muss zwischen seinem Vater Saul und seinem Freund David. Ein Loyalitätskonflikt, aber die Freundschaft hält: »Da verband sich das Herz Jonathans mit dem Herzen Davids, und Jonathan gewann ihn lieb, wie sein eigenes Leben.«*
- *Wie David fliehen muss und* **Saul** *in der Höhle von En-Gedi in seiner Gewalt hat. Die Versuchung, Gewalt mit Gewalt zu beantworten – und David kann ihn verschonen statt zu vergelten.*
- *Aber beim Anblick* **Bathsebas** *ist sein Begehren mächtig. Rücksichtslos setzt er sich durch, geht über Leichen. Er wird überführt: »Du bist der Mann!« Er kann sein eigenes Verhalten nur verurteilen.*
- *Zuletzt die Konkurrenz mit* **Absalom***: Wie sein eigener Sohn ihn putscht und Davids Versuch, wieder an die Macht zu kommen mit dessen Tod endet. David zerrieben zwischen Vaterliebe und Staatsräson, Familie und Beruf.*

David, ein Leben voller Auf und Ab, zugleich Held und Versager.

## GedankenGang

Welche Geschichte ist dir am stärksten in Erinnerung geblieben? Wo hast du in deinem Leben vergleichbare Erfahrungen gefunden? Was ist dir an David fremd geblieben?

## Abend

Wer ist dir lieber geworden: der scheiternde und traurige David oder der erfolgreiche Aufsteiger? Der verantwortungsvolle König oder der zur Vergebung bereite Verfolgte? Der begehrende oder der selig befreundete David? Oder gibt es ihn nur als Gesamtpaket, als dieser Held *und* Versager, mit seinem ganzen Leben, so wie es dich und alle Menschen immer nur mit allem Auf und Ab gibt?

Erstaunlich, dass Gott gerade einen so offensichtlich durchwachsenen Menschen erwählt, salbt, zum König bestimmt. Erstaunlich, dass Gott später seinen Sohn Jesus, den Gesalbten/Messias als Sohn Davids aus Bethlehem in genau diese Linie stellt. Gott scheint ein durchwachsenes Leben nicht abzuschrecken.

Erstaunlich auch, dass David in all' dem Auf und Ab nicht an Gott gezweifelt hat, nie Angst hatte, von Gott aufgegeben zu sein. David heißt übersetzt ›der Geliebte‹. Vermutlich werden ihm gerade darum die Psalmen zugeschrieben, Gebete für Menschen mit krummen Lebenswegen, tiefsten Vertrauens auf Gott. Auch du kannst dich in diese Erfahrung einbinden:

## Gebet

*Lieber Gott, wie ein guter Vater sorgst du für mich,*
*dass mir ja nichts fehlt.*
*Du zeigst mir, wie bunt das Leben ist*
*und führst mich auf überraschende Wege.*
*Wie eine liebevolle Mutter kümmerst du dich um mich*
*und sorgst für mein Glück.*

*Du zeigst mir den richtigen Weg,*
*damit wir uns nicht aus den Augen verlieren.*
*Wenn es einmal schlimm kommen sollte,*
*dann habe ich keine Angst:*
*Als bekäme ich Flügel, so trägst du mich hindurch.*
*Dicht bei mir bist du,*
*an dir kann ich mich festhalten.*
*Bei dir komme ich zur Ruhe,*
*selbst wenn alles um mich herum laut ist.*
*Du streichelst mir über den Kopf*
*und umgibst mich mit deiner Zärtlichkeit.*
*Mein Leben hat ein klares Ziel,*
*bis ich eines Tages ganz bei dir zu Hause bin.*
(nach Psalm 23)

# Bewährte Worte

## Eine Woche mit liturgischen Texten

### BEHÜTE MICH

#### Morgen

*Ich danke dir, mein himmlischer Vater,*
*durch Jesus Christus, deinen lieben Sohn,*
*dass du mich diese Nacht*
*vor allem Schaden und Gefahr behütet hast,*
*und bitte dich,*
*du wollest mich diesen Tag auch behüten*
*vor Sünden und allem Übel,*
*dass dir all mein Tun und Leben gefalle.*
*Denn ich befehle mich,*
*meinen Leib und Seele und alles*
*in deine Hände.*
*Dein heiliger Engel sei mit mir,*
*dass der böse Feind keine Macht an mir finde.*
(Luthers Morgensegen)

#### Mittag

*Auf der Höhe des Tages halte ich inne.*
*Ich will Herz und Hände erheben zu Gott,*
*der meines Lebens Mitte ist.*
*Herr, mein Gott, lass mich vor dir stehen mitten im Tagwerk,*

*gib mir Mut und Kraft,*
*dass ich das Eine suche,*
*dass ich tue, was not ist,*
*lass mich wandeln vor deinen Augen.*

### Abend

*Ich danke dir, mein himmlischer Vater,*
*durch Jesus Christus, deinen lieben Sohn,*
*dass du mich diesen Tag gnädiglich behütet hast,*
*und bitte dich,*
*du wollest mir vergeben alle meine Sünde,*
*wo ich Unrecht getan habe,*
*und mich diese Nacht auch gnädiglich behüten.*
*Denn ich befehle mich, meinen Leib und Seele*
*und alles in deine Hände.*
*Dein heiliger Engel sei mit mir,*
*dass der böse Feind keine Macht an mir finde.*
(Luthers Abendsegen)

## REIFEN FÜR DIE ERNTE

### Morgen

*Ich danke dir, Gott, für die Ruhe der Nacht*
*und das Licht dieses neuen Tages.*
*Lass mich bereit sein, dir zu dienen.*
*Lass mich wach sein für dein Gebot.*
*Sei mit mir in allen Stunden dieses Tages.*

### Mittag

*Herr, sende mich,*
*dass ich helfe und heile,*
*dass ich mein Leben teile.*
*Lass mich ein Segen sein.*

### Abend

*Ich danke dir, Gott, für diesen Tag,*
*du warst da, mehr als ich es wahrgenommen habe,*
*von dir kam die Kraft, die mich meinen Weg gehen ließ.*
*Was mir auf der Seele liegt, nimm von mir.*
*Was noch unfertig ist, Gedanken und Vorhaben,*
*vollende du.*
*Erhebe dein Angesicht über mich*
*und alle Pilger auf ihren Wegen,*
*über die Menschen, die ich lieb habe,*
*und über die Menschen, die mir zu schaffen machen.*
*Dir vertraue ich mich an, in deine Hand lege ich mich.*
*Segne Ausgang und Eingang.*

## LASS MICH WACH SEIN

### Morgen

*Lass mich wach sein, mein Gott,*
*und bereit, dir zu begegnen.*
*Lass mich stark sein, mein Gott,*
*in den Forderungen des Tages.*

*Lass mich getröstet sein, mein Gott,*
*und in dir geborgen, wenn ich falle.*
*Lass mich offen sein, mein Gott,*
*und bereit, die Menschen zu lieben.*

## Mittag

*Verleihe mir, Gott,*
*dass Gehen und Ruhen dieses Tages*
*aus deinem Wort leben,*
*dass ich in Christus bleibe*
*und dein Geist mich durchdringe.*

## Abend

*Gott, du hast mir diesen Tag gegeben.*
*Ich lege ihn zurück in deine Hand.*

*Was mich beunruhigt, lasse ich los,*
*alle Dinge, alle Menschen, auch mich selbst.*
*Ich weiß, dass ich geborgen bin und getragen.*

*Wie ein Kind am Herzen der Mutter*
*lass mich schlafen im Schoß der Nacht, bei dir.*

## Morgen

*Am Beginn dieses Tages*
*gehen meine Gedanken zu dir, Gott:*
*Ich glaube dich jetzt hier.*
*An diesem Morgen*
*suche ich deine Nähe, Gott:*
*Ich glaube dich an meiner Seite.*

*In dieser Stunde*
*höre ich deinen Ruf, Gott:*
*Ich glaube dich auf meinem Weg.*
*Die Zeit zwischen gestern und morgen*
*lebe ich im Vertrauen auf dich, Gott:*
*Ich glaube mich in deiner Hand geborgen.*

## Mittag

*Mein Herr und mein Gott,*
*nimm alles von mir,*
*was mich hindert zu dir.*

*Mein Herr und mein Gott,*
*gib alles mir,*
*was mich fördert zu dir.*

*Mein Herr und mein Gott,*
*nimm mich mir*
*und gib mich ganz zu eigen dir.* (Nikolaus von Flüe)

### Abend

*Ohne Vorbehalt und ohne Sorgen*
*leg ich meinen Tag in deine Hand.*
*Sei mein Heute, sei mein Morgen,*
*sei mein Gestern, das ich überwand.*
*Frag mich nicht nach meinen Sehnsuchtswegen,*
*bin in deinem Mosaik ein Stein.*
*Wirst mich an die rechte Stelle legen.*
*Deinen Händen bette ich mich ein.*
(Edith Stein)

## GEH IN DEN NEUEN TAG

### Morgen

*Die Nacht ist vergangen.*
*So mache dich nun auf*
*und geh in den neuen Tag,*
*den Gott dir geschenkt hat.*
*Sei getrost und mutig,*

*denn dein Gott ist mit dir*
*in allem, was du tun wirst*
*vom ersten Morgenlied an*
*bis zur Ruhe der Nacht.*

### Mittag

*Ich esse und trinke mit Dankbarkeit.*
*Ich freue mich an dem, was Gott schenkt.*
*Ich suche Gott und seinen Willen in allem, was geschieht.*
*Dazu segne mich der dreieine Gott,*
*der Vater, durch seinen Sohn, im Heiligen Geist.*

### Abend

*Herr, bleibe bei mir,*
*denn es will Abend werden*
*und der Tag hat sich geneigt!*
*Bleibe mir nahe,*
*auch wenn ich selbst mir fern bin.*

## DEIN ANGESICHT

### Morgen

*In der Frühe suche ich, Gott, dein Angesicht.*
*Öffne mir Herz und Lippen für dein Wort.*
*Erleuchte mich und lass deine Kraft*
*in mir mächtig werden.*

### Mittag

*Der Tag ist seiner Höhe nah.*
*Nun blick zum Höchsten auf,*
*der schützend auf dich niedersah*
*in jedes Tages Lauf.*

*Wie laut dich auch der Tag umgibt,*
*jetzt halte lauschend still,*
*weil er, der dich beschenkt und liebt,*
*die Gabe segnen will.*

*Er segnet, wenn du kommst und gehst;*
*er segnet, was du planst.*
*Er weiß auch, dass du's nicht verstehst,*
*und oft nicht einmal ahnst.*

*Die Hände, die zum Beten ruhn,*
*die macht er stark zur Tat.*
*Und was der Beter Hände tun,*
*geschieht nach seinem Rat.*
(Jochen Klepper, Kyrie 1938, EG 457)

## Abend

*Christus,*
*unablässig suchst du jeden,*
*der nach dir sucht und sich fern von dir glaubt.*
*Mach uns bereit, jederzeit unser Leben*
*in deine Hände zu legen.*
*Während wir dich noch suchen, hast du uns schon gefunden.*
*So arm unser Gebet auch sein mag, du hörst uns zu,*
*weit mehr, als wir es erahnen und glauben können.*
(Frère Roger Schutz, Taizé)

## LOBSINGEN DIR IM STERNENZELT

### Morgen

*Schon bricht des Tages Glanz hervor.*
*Voll Demut fleht zu Gott empor,*
*dass, was auch diesen Tag geschieht,*
*vor allem Unheil er behüt.*

*Er halte uns die Lippen rein;*
*kein Hader darf uns heut entzwein.*
*Er mache unser Auge frei*
*und zeige, was da eitel sei.*

*Ringt um des Herzens Lauterkeit!*
*Legt ab des Herzens Härtigkeit!*
*Des Fleisches Hoffart beugt und brecht!*
*Und Trank und Speise brauchet recht.*

*Auf dass, wenn dann die Sonne sinkt*
*und Dunkel wieder uns umringt,*
*wir ledig aller Last der Welt*
*lobsingen dem im Sternenzelt.*
(Jochen Klepper, Kyrie 1938, EG 453)

### Mittag

*Du Quelle des Segens – segne mich.*
*Du Quelle der Kraft – stärke mich.*
*Du Quelle der Liebe – wecke mich,*
*alle deine Geschöpfe zu lieben.*

## Abend

*Bevor des Tages Licht vergeht,*
*o Herr der Welt, hör dies Gebet.*
*Behüte uns in dieser Nacht*
*durch deine große Güt und Macht.*

*Hüllt Schlaf die müden Glieder ein,*
*lass uns in dir geborgen sein*
*und mach am Morgen uns bereit*
*zum Lobe deiner Herrlichkeit.*

*Dank dir, o Vater reich an Macht,*
*der über uns voll Güte wacht*
*und mit dem Sohn und Heilgem*
*Geist des Lebens Fülle uns verheißt.*
(Hymnus der Komplet [5. Jahrhundert])

## SATT ODER FREI?

2. Mose 16[10]

### Morgen

Aufbrechen ist wunderbar, morgens, wenn die Luft frisch und die Füße noch leicht sind. Aber nachmittags, wenn die Luft so drückend wird wie der Rucksack, wenn die Kilometer sich ziehen, dann wünscht man sich, nie aufgebrochen zu sein. So geht es auch den Israeliten beim Exodus aus Ägypten – eineinhalb Monate sind sie unterwegs. *»Sie murrten in der Wüste gegen Mose und Aaron: Wären wir doch in Ägypten durch die Hand des Herrn gestorben, als wir an den Fleischtöpfen saßen und Brot genug zu essen hatten.«* (2. Mo 16,2–3)

In ihrem Frust sehnen sich die Israeliten nach Ägypten zurück. Aus der Entfernung erscheint es als Paradies: Sie schwärmen von Brot und Fleisch, so viel man will. Dass sie Sklaven waren? Vergessen. Oder zumindest nicht so wichtig. Erst kommt der Bauch, dann die Moral. Der gesättigte Bauch ist wichtiger als die genährte Seele. Eigentlich sollte der Exodus in die Freiheit führen, aber schon sind die Israeliten in ihren

Bedürfnissen gefangen, in der Tyrannei der Bequemlichkeit.

## GedankenGang

»Wäre ich lieber zu Hause geblieben ...« – hattest du dieses Gefühl schon beim Pilgern? Oder Zuhause, wenn dir das Projekt zu groß und alles zu viel wird? Machst du es dir dann einfacher, bequemer. ... Verzichtest du lieber auf Freiheit, um dafür weniger Stress zu haben? Wohin zieht es dich zwischen den Polen Freiheit und Bequemlichkeit?

## Abend

Die Israeliten merken: Wir müssen uns entscheiden: satt und sicher oder frei. Nachdem die Euphorie des Aufbruchs verflogen ist, entscheiden sie sich gegen den Exodus und für den Bauch: zurück nach Ägypten in die Sklaverei mit ihrer sicheren Versorgung!

Wie reagiert Gott? Lässt er sein Volk zurück nach Ägypten ziehen und gibt seine Idee mit der Freiheit auf? Oder zieht er seinen Plan gegen die Israeliten durch? Er wählt einen dritten Weg. Das Volk soll auf dem Weg in die Freiheit bleiben. Aber er kommt den Bedürfnissen entgegen: *»Am Abend werdet ihr Fleisch zu essen haben, am Morgen werdet ihr satt sein von Brot und ihr werdet erkennen, dass ich der Herr, euer Gott, bin.«* Am Abend kamen die Wachteln und bedeckten das Lager. Am Morgen lag eine Schicht von Tau rings um das Lager.

Dieser Tau ist den Israeliten unbekannt: *»Man hu?«* – »Was ist das?« Gibt Gott absichtlich nicht das zu essen, was die Israeliten kannten und erwarteten? Will er seine Souveränität wahren? »Ich sorge für euch, aber so wie ich es für richtig halte.«

Und Gott ordnet an, dass nur so viel gesammelt wird, wie man für den jeweiligen Tag braucht. Nicht auf sich und ihre Vorräte sollen die Israeliten vertrauen, sondern darauf, dass Gott jeden Tag neu wieder für sie sorgt.

Aber einige gehen dennoch auf Nummer sicher, sammeln eine Reserve. Am nächsten Morgen stinkt es und ist voller Maden. Gott macht deutlich: Versucht nicht, euch von mir unabhängig zu machen. Freiheit gibt es nur im Vertrauen.

Pilger kennen die Versuchung, sich absichern zu wollen. Zwischen Wetter-App und Wanderführer, Reservierung und einfachen kurzen Etappen ohne Risiko bleibt wenig Raum für das Unverfügbare. Aber wer alles selbst in der Hand haben will, lässt Gott nicht zum Zuge kommen. Und er verspielt seine Freiheit, die nur der gewinnt, der sich selbst aus der Hand gibt.

Bonhoeffer sagt in seinem Glaubensbekenntnis: »*Ich glaube, dass Gott uns in jeder Notlage so viel Widerstandskraft geben will, wie wir brauchen. Aber er gibt sie nicht im Voraus, damit wir uns nicht auf uns selbst, sondern allein auf ihn verlassen.*« Wir können uns nicht erst die Kraft sichern und dann damit losgehen. Sondern wir müssen erst losgehen und mehr wagen, als wir eigentlich können. Und wenn es darauf ankommt, wird Gott uns die Kraft geben, die wir brauchen. Leben auf Vertrauen.

Wer Gott vertraut, braucht keine Angst vor dem Verhungern zu haben. Gott gibt die Kraft, mit aller Not fertigzuwerden. Aber das merkst du erst, wenn du es ausprobierst. Wie auch die Israeliten sich im Vertrauen auf den Weg machen mussten und das Manna nicht auf Vorrat kam. Ein solches Pilgern ist Risikosport. Weil du dich riskierst, weil du übst, dich aus der Hand zu geben.

## UNNÜTZE KNECHTE

Lukas 17

### Morgen

»*Wer unter euch hat einen Knecht, der pflügt oder das Vieh weidet, und sagt ihm, wenn der vom Feld heimkommt: Komm gleich her und setz dich zu Tisch? Wird er nicht vielmehr zu ihm sagen: Bereite mir das Abendessen, schürze dich und diene mir, bis ich gegessen und getrunken habe; und danach sollst du essen und trinken? Dankt er etwa dem Knecht, dass er getan hat, was befohlen war? So auch ihr! Wenn ihr alles getan habt, was euch befohlen ist, so sprecht: Wir sind unnütze Knechte; wir haben getan, was wir zu tun schuldig waren.* (Lk 17,7-10)

Unerwartet, verstörend anders als gewohnt, dieser Jesus. Eine Geschichte zum Fremdschämen mit einem peinlichen Jesus. Wenn du alles gemacht hast, dann erwarte nicht etwa Dank und Lob, es war schließlich deine Pflicht. Bilde dir nichts darauf ein.

Sonst kennen wir Jesus, wie er Menschen stärkt und groß macht. Er lobt und motiviert. Hier aber macht er klein – selbst wenn du alles richtig gemacht hast, bist du nicht mehr als ein Knecht, der seine Pflicht erfüllt hat. Damit wiederholt Jesus die sozialen Regeln seiner Zeit: Wer groß ist, kümmert sich nicht um den Kleinen, wer unten ist, hat von denen oben nichts zu erwarten. Herr und Knecht eben.

Oder ist das alles nur ein rhetorischer Trick Jesu? Führt er seine Hörer sich selbst vor: »Seht, so geht ihr mit euren Knechten um – wollt ihr, dass Gott mit euch auch so umgeht? Wollt ihr euch am Ende eures Tages sagen lassen: ›*Wir sind unnütze Knechte; wir haben getan, was wir zu tun schuldig waren*‹? Also – dann geht auch ihr miteinander anders um.«

## GedankenGang

Du erinnerst dich: Wo bist du selber gekränkt gewesen, weil du Dank erwartet hast und dein Dienst nicht gewürdigt wurde, übersehen oder für selbstverständlich erachtet? Wie bist du damit umgegangen?

## Abend

»Das hast du toll gemacht.« Wenn mir so etwas gesagt wird, dann geht das runter wie Butter. Wenn mich jemand anerkennt, lebe ich auf. Ob ich Lob erwarten kann, entscheidet darüber, ob ich mich einsetze. Dann achte ich darauf, ob meine Hilfe gesehen wird, von möglichst vielen, besonders von denen, die das Sagen haben.

Der Knecht im Gleichnis Jesu erwartet nicht, dass er nach der Arbeit einen Tisch gedeckt bekommt. Er erwartet keinen Dank, sondern stellt sich innerlich auf das Gegenteil ein: »*So auch ihr! Wenn ihr alles getan habt, was euch befohlen ist, so sprecht: Wir sind unnütze Knechte; wir haben getan, was wir zu tun schuldig waren.*« Wer keine Anerkennung erwartet, bleibt frei. Er schielt nicht nach Lob und Dank. Er ist unabhängig davon, gesehen und gelobt zu werden.

Ob mir Anerkennung gegeben oder auch verweigert wird, davon soll ich mich nicht abhängig machen. So wird Demut zur Souveränität. Jesus macht das vor: Er bindet sich die Schürze um und wäscht seinen Jüngern die Füße. Er kann das, weil er weiß: Dass ich wertvoll bin, das hat mir schon längst ein anderer gesagt.

## Gebet

*Gott, unser Herz kann sich tausend Sachen ausdenken,*
*die dich beleidigen und Menschen schaden.*
*Trotzdem suchst du jeden von uns,*
*hilfst uns beim Leben.*
*Wenn ich schon den Himmel nicht messen kann,*
*deine Liebe, Gott, kann ich schon gar nicht messen.*
*Wie die Wolken rund um die Erde wandern,*
*so wandert deine Liebe durch alle Erdteile.*
*Deine Liebe ist weit wie das Meer*
*und unerschütterlich wie ein Berg.* →

*Ich finde es wunderbar, dass wir Menschen bei dir unterschlüpfen können, wie Küken unter eine Glucke.*
*Decke uns warm zu mit der Decke deiner Liebe.*
*Geborgen bei dir will ich mutig in die Welt gehen.*
(nach Psalm 36)

## AUSSORTIEREN

Lukas 18,18–26

### Morgen

Einmal kommt jemand, der nach erfülltem Leben sucht, zu Jesus: Was muss ich tun, damit ich das ewige Leben gewinne? Jesus fragt ihn die Gebote ab. Der Mann, der sich sehr um einen guten Lebenswandel bemüht, hat sie alle eingehalten. Da trägt Jesus ihm auf: »*Verkaufe alles, was du hast, und gib's den Armen, so wirst du einen Schatz im Himmel haben, und komm und folge mir nach!*« (Lk 18,22).

Das Schöne am Pilgern ist, dass wir unseren materiellen Reichtum erst gar nicht mitnehmen können. Aber gerade weil es um das Innere geht, hängen Pilger oft an ihren Erfahrungen. Sie möchten möglichst viele Eindrücke und intensive Erfahrungen sammeln – ist das unsere Art des Reichtums, vor dem Jesus warnt?

### GedankenGang

Nimm dir nach einiger Zeit des Pilgerns Zeit für ein Resümee: Was habe ich erlebt? Was lag am Weg, wem bin ich begegnet, wo kam Gott ins Spiel – und was hat das alles mit mir gemacht?

Als Pilger hast du erfahren, wie wichtig ein leichter Rucksack ist. Je leichter dein Bündel gepackt ist, desto beweglicher bist du. Wie du deinen Rucksack entrümpeln musst, so auch deine Erfahrungen:

Was soll mich weiter begleiten, was nicht? Welche Sorge kann ich Gott anvertrauen, damit sie mich nicht weiter beschwert? Welchem Zweifel kann ich seine Macht nehmen, damit er mich nicht weiter auslaugt? Welche unnützen Fragen trage ich unbemerkt mit mir herum, die mir nicht weiterhelfen? Welche Gewohnheiten wollte ich eigentlich ablegen?

Und bleibe ich in meiner Suche nach Erfahrungen überhaupt noch offen dafür, dass mir Unerwartetes widerfährt?

## Abend

Die Suche nach Erfahrungen, die uns verändern, ist wertvoll und das Pilgern bietet dafür einen schöpferischen Raum. Aber den reichen Jüngling erinnert Jesus daran, dass unser Tun und Wollen uns auch im Weg stehen kann, weil unsere Aufmerksamkeit zu sehr bei uns ist.

Im Lukasevangelium betont Jesus – unmittelbar vor der Geschichte vom reichen Jüngling – in der Segnung der Kinder: Ihr kommt nur in Gottes Reich, wenn ihr es wie Kinder annehmt. Zu Gott kommen wir in der Haltung offenen Empfangens. Der Jüngling hat sehr viel gegeben, aber kann sich selbst nicht aus der Hand geben. Das macht ihn traurig.

Als Jesus ihn so traurig sah, sagte er: »*Wie schwer kommen die Reichen in das Reich Gottes! Denn es ist leichter, dass ein Kamel durch ein Nadelöhr gehe, als dass ein Reicher in das Reich Gottes komme.*« *Es ist leichter, dass ein Kamel durch ein Nadelöhr gehe, als dass ein Reicher in das Reich Gottes komme.*

Auch die, die sich das Gespräch angehört hatten, sind erstaunt: »*Wer kann dann selig werden?*« Und Jesus kann nur bestätigen, dass uns das überfordert, einmal nicht auf unsere beeindruckenden inneren Erfahrungen bauen zu wollen: »*Was bei den Menschen unmöglich ist, das ist bei Gott möglich.*« Erfülltes Leben gewinnen wir nicht aus uns, sondern nur, indem wir uns ganz Gott hingeben. Das üben wir im Gebet.

## Gebet

*Gott, ich kann nicht gut loslassen.*
*Mit leeren Händen möchte ich nicht dastehen.*
*Angst habe ich, verloren zu gehen im Neuen,*
*in der Fremde.*
*Darum klammere ich mich fest.*
*Nimm mich an der Hand,*
*dass ich loslassen kann,*
*was ohne Zukunft ist.*
*Befreie mich von dem, was mich bindet und einengt.*
*Nimm mich an der Hand wie ein Kind,*
*wie eine Mutter berge mich,*
*wie ein Vater führe mich hinaus in die Welt.*

## ER LIEBT MICH, ER LIEBT MICH NICHT ...

Markus 10,46–52

### Morgen

Am Straßenrand hockt er, wie immer. Man hat sich an ihn gewöhnt, nimmt ihn kaum noch wahr, den blinden Mann. Anderes ist wichtiger, lauter, dringlicher. Nicht dass man einen Bogen um ihn macht, man geht einfach weiter. Auch der Mann nimmt sich nicht mehr so wichtig, er ist es ja auch nicht. Wenn er weg wäre – kaum jemand würde es bemerken. So wie bei den meisten Menschen.

Aber heute, das hat der Blinde gehört, kommt Jesus in die Stadt. Ist das die Chance, aus seinem grauen Alltag auszubrechen? Er spitzt die Ohren, lauscht, und als er Jesus in der Nähe hört, fängt er an, aus vollem Hals zu schreien: »Komm, Jesus, schnell, mach doch mein Leben wieder hell!«

Erschrocken fahren ihn die anderen an, er solle ruhig sein, sich nicht wichtig machen. Aber Jesus hat ihn schon gehört und ruft ihn zu sich. Sofort rennt er los – hat er keine Angst zu stolpern? »*Was willst du, dass ich für dich tun soll?*« fragt Jesus. Und Bartimäus setzt alles auf eine Karte: »*Dass ich sehend werde.*«

### GedankenGang

Rufst du so laut zu Gott wie der blinde Bartimäus? Wenn nicht: Was macht dich leiser und vorsichtiger? Sind es nur die anderen, die sagen: »nicht so laut!« – oder kommt diese Stimme aus dir selbst? Traust du dich solche Sehnsuchts-Schreie nicht, weil du Angst vor Enttäuschungen hast?

## Abend

»Er liebt mich, er liebt mich nicht, er liebt mich ...« – endlos könnten die Blütenblätter eines nach dem anderen abgezupft werden. Soll ich nun, oder soll ich nicht? Wie schön wäre es, wenn ich wüsste, woran ich bin. Aber selten ist unser Leben so klar und eindeutig, es bleibt ein Risiko. Wie schön wäre es, wenn ich den Mut zum einen oder anderen hätte.

Bartimäus ist entschieden: Er lässt seinen Mantel zurück, seinen einzigen Besitz, springt auf und rennt, obwohl er doch gar nichts sieht. Und er läuft nicht vor die Wand, sondern kommt ohne Stolpern an. Er ruft nach Jesus, er schreit seine Sehnsucht hinaus. Und sein Sehnsuchts-Schrei findet Gehör und einer fragt ihn: »*Was willst du, dass ich für dich tun soll?*« Was gibt es Schöneres, als dass mich einer fragt: »*Was willst, dass ich für dich tun soll?*«

Und Bartimäus traut sich, konkret und zuversichtlich seine Sehnsucht herauszurufen: »*Ich will sehen!*« – »*Dein Glaube hat dir geholfen.*« Seine Bitte findet Gehör, seine unverschämte Forderung hat recht bekommen: Du hast viel erhofft und verlangt – Gott staunt über dein Vertrauen.

## DER EMANZIPIERTE SOHN

Lukas 15,11–32

### Morgen

Wie lange noch hält dein Fernweh? Wünschst du dich manchmal nach Hause, zu den vertrauten Menschen, in das gewohnte Bett? – In dein Fernweh mischt sich Heimweh. Deine Sehnsucht bleibt, aber sie ändert ihre Richtung. Das Glück ist halt immer anderswo – und wenn das Unterwegssein zur Heimat geworden ist, wird dein Daheim zum neuen Fernwehziel.

Im Gleichnis vom verlorenen Sohn zieht es den jüngeren Sohn in die Ferne. Bald verliert diese ihren Reiz und er kehrt reumütig zurück. Ein gescheitertes Experiment? Oder eine notwendige Station, um wirklich heimzukommen?

### GedankenGang

Wächst unterwegs dein Heimweh? Wann spürst du das? Wie wäre es, wenn dein Pilgern dich nicht wieder nach Hause führt?

### Abend

Vermutlich kommt im Gleichnis vom verlorenen Sohn der Sohn erst wirklich zu Hause an, als er aus der Fremde heimkehrt. Nur wer die Fremde kennt, weiß, was es heißt, eine Heimat zu haben. Dann wäre Heimat nichts, was in der Vergangenheit liegt, sondern ein Ziel, auf das wir zugehen. »*Die wirkliche Genesis ist nicht am An-*

*fang, sondern am Ende, ... so entsteht in der Welt etwas, das allen in die Kindheit scheint und worin noch niemand war: Heimat.«*[11] Heimat liegt nicht in der Vergangenheit, sondern ist Ankunft von etwas Neuem. So streben die Christen auch nicht zurück ins Paradies, sondern vorwärts in das Reich Gottes.

Muss man seine Heimat erst verlieren, um sie eigentlich finden zu können? *»Dieser mein Sohn war tot und ist wieder lebendig geworden; er war verloren und ist gefunden worden«*, sagt der Vater, nachdem der Sohn zurückgekehrt ist (Lk 15,24). Vorher war die Beziehung von Vater und Sohn einfach da, selbstverständlich – aber erst durch den Bruch können sie bewusst zueinanderfinden.

Das Aufbrechen des Sohnes ist wie der Sprung eines Seiltänzers in die Luft – in der Hoffnung, dass das Seil da bleibt. Erst beim Aufsetzen spürt er den Unterschied zwischen dem Bodenlosen der Luft und dem Tragen des Seils. Gut, dass der Vater seine Arme weit öffnet. Gut, dass auch am Ende unserer Wege Gott, unsere Heimat, nicht nur wartet, sondern uns entgegenläuft.

*»Die Hoffnung, die das Risiko scheut,*
*ist keine Hoffnung.*
*Hoffen heißt, an das Abenteuer der Liebe glauben,*
*Vertrauen zu den Menschen haben,*
*den Sprung ins Ungewisse tun*
*und sich ganz Gott überlassen.«*
(Hélder Câmara)[12]

### Lob-Psalm

*Mit ganzer Kraft will ich dich loben, Schöpfer,*
*denn was unser Leben gut macht, stammt von dir.*
*Immer will ich daran denken,*
*wie reich du mich beschenkst.*
*Mit allen Macken nimmst du mich an, wie ich bin;*
*das tut mir richtig gut.*
*Du bewahrst mich davor, mein Leben zu vertun,*
*ja, du hast viel mit mir vor.*
*Mit ausgebreiteten Armen kommst du mir entgegen,*
*du weißt ja, wie sehr ich dich brauche.*
*Wie einen bergenden Mantel*
*breitest du deine Gnade über mich.*
*Ewig währt deine Gnade,*
*ohne Ende ist deine Liebe.*

## EIN WUNDER?

Markus 6,30-44

### Morgen

»Was sollen wir denn jetzt machen?« »Keine Ahnung. Hast du keine Idee?« – Ich lausche dem Gespräch der Erwachsenen und spüre, wie sie nervös werden. Dabei ist die Stimmung prächtig. Wie ein großes Volksfest. Oder sogar noch besser. Die Leute sind tief bewegt, richtig begeistert. Unendlich viele sind aus den Dörfern zusammengekommen, voller Erwartung. Und Jesus hat sie mit Kraft und Zuversicht erfüllt. Auch ich spüre diesen frischen Lebensmut in mir. Es wäre schade, wenn die Erwachsenen jetzt wieder gestresst werden.

Ich stelle mich unauffällig neben die Erwachsenen und lausche. Als Kind geht das, da nimmt einen sowieso keiner ernst, man zählt nicht. Jetzt merke ich, dass ich die Männer kenne. Das sind die Jünger Jesu, starke Typen. Einige von denen haben sich getraut, in unserem Dorf zu predigen und zu heilen. Mich haben sie beeindruckt mit ihrem festen Glauben, mit ihrem Mut. Wenn die jetzt unruhig und nervös werden, dann muss wirklich etwas im Argen liegen.

Ich lausche: »Die Verantwortung übernehme ich nicht.« »Wir müssen die Leute nach Hause schicken.« »Eine hungrige Masse ist unberechenbar.« Immer angespannter diskutieren die Männer. Sie gehen zu Jesus: »Meister, wir wissen nicht weiter.« Ich höre nur noch Bruchstücke: »Ja, da hat ein Kind einen Beutel Brot, aber das ist doch ein Tropfen auf den heißen Stein.« »Jesus, wir können das nicht verantworten, wir müssen die Leute heimschicken, so schade das auch ist.«

Da geht Jesus direkt auf mich zu. »Hallo«, sagt er, »kannst du mir helfen?« Ich schaue ihn mit großen Augen an. »Ich?«, frage ich verdutzt. »Ja, du. Ich brauche deine Hilfe. Könntest du mir das Brot aus deinem Beutel schenken?«

### GedankenGang

»Du bist wichtig. Ich brauche dich.« Wann hat dir das jemand gesagt? Was hat das mit dir gemacht?

## Abend

»Kannst du mir helfen? Ich brauche dich.« Alle schauen auf mich, die ganzen gestandenen Männer. Natürlich gebe ich Jesus das Brot. Am liebsten wäre ich noch nach Hause gerannt und hätte die Vorratskammer geplündert. »Danke«, sagt er – und ich hatte das Gefühl, dass er das nicht nur zu mir sagt, sondern auch zu Gott: »Danke, dass du Unmögliches möglich gemacht hast.«

Und alle werden satt, 5000 Mann. Durch Jesus, der mich fragt, durch mich, der ich gab, durch Gott, der unser kleines Tun groß macht.

*Haben*
*und teilen*
*wenig haben*
*austeilen*
*weniger haben*
*mehr austeilen*
*nichts haben*
*viel austeilen*

*in der wüste*
*die lustige wirtschaft*
*wo das wort*
*zum wirte geworden*
*bis alles verteilt*
*und alles gehabt*

(Kurt Marti)[13]

## Gebet

*Danke, Gott, dass du mich bittest.*
*Danke, dass ich mitmachen kann am Wunder des Lebens,*
*dass mein Beitrag wichtig ist,*
*dass meine kleine Kraft an deinem großen Werk beteiligt ist.*
*Du machst mich groß, Gott.* →

*Danke, Gott, dass ich dir wichtig bin.*
*Das lässt mich deinen Geist spüren.*

*Führe mich, leite meinen Willen und alle meine Gedanken,*
*dass ich auf dein Reich hin lebe,*
*in seinen kleinen Anfängen hier*
*und in seiner großen Vollendung dort,*
*wo wir dich schauen werden in Ewigkeit.*

## ANSCHLEICHEN

Lukas 7,36–50

### Morgen

Schwer liegt die Türklinke in ihrer Hand. Eine große alte Tür zu einer Kirche. Der Raum ist ihr fremd. Sie ahnt nur, dass hier etwas zu finden ist, vielleicht Gott. Sie hat die Klinke in der Hand, aber sie stockt beim Runterdrücken. Soll sie oder soll sie nicht reingehen? Was hält sie zurück?

Hat sie Angst, dass sie drinnen enttäuscht ist, weil da gar nichts ist, kein Gott, kein Trost, nicht einmal eine schöne Atmosphäre?

Hat sie ein schlechtes Gewissen, weil sie Gott sonst links liegen gelassen hat? Was wird er ihr jetzt sagen?

Oder ist es ihr einfach peinlich? Schämt sie sich, in die Kirche zu gehen, nicht wie eine Touristin, sondern auf der Suche? Was, wenn andere sie jetzt sehen?

Oder stockt sie, weil sie gar nicht weiß, was sie drinnen machen soll, wohin gehen, was dort tun? Was will sie da drinnen eigentlich?

Aber dann drückt sie doch die Klinke runter, zieht an der großen schweren Tür, tritt ein. Und? Unschlüssig steht sie im Gang. Nach vorne mag sie nicht, sie gehört ja nicht dazu, außerdem ist es ihr vorn zu heilig, zu dicht. An der Seite eine Kerze anzünden? Sie glaubt ja nicht an Gott, warum sollte sie sich dann an ihn wenden?

Aber noch während sie so denkt, geht sie los, zu den Teelichtern, nimmt eins, zündet es an, stellt es schnell wieder ab und geht einige Schritte zur Seite. Sie staunt über sich selbst.

## Gebet

*Wie lieb sind mir deine Wohnungen, Gott.*
*Meine Seele verlangt danach, zu dir zu gelangen.*
  *Mein Leib und meine Seele freuen sich*
  *in dem lebendigen Gott.*
*Alle suchen ein Zuhause,*
*der Vogel sein Nest, der Fuchs seinen Bau.*
  *Mein Zuhause bist du,*
  *dein Tempel, dein Wort, deine Nähe.*
*Wohl denen, die auf dem Weg zu dir sind,*
*die nicht zögern und die Reise antreten.*
  *Wohl denen, die wissen, dass du das Ziel bist,*
  *die alles daransetzen, zu dir zu kommen.*
*Wenn Hindernisse meinen Weg beschweren,*
*wenn der Weg voller Gefahr ist und ohne Kompass,*
  *dann bist du mir Begleiter und Wegweiser.*
  *Ich gehe von einer Kraft zur anderen.* ➔

*Herr, höre mein Beten.*
*Mach mich bereit, deinen Weg zu gehen.*
*Ich brauche kein Gepäck,*
*nur Vertrauen auf dich, mein Gott.*
(nach Psalm 84)

## GedankenGang

Bist du manchmal wie die Frau, suchst, ohne genau zu wissen, was? Bist über dich selbst überrascht, wenn deine Sehnsucht stärker ist als deine Zweifel?

## Abend

Das Lukasevangelium berichtet, wie Jesus im Haus eines frommen Mannes eingeladen ist: »*Und siehe, eine Frau war in der Stadt, die war eine Sünderin. Als die vernahm, dass er zu Tisch saß im Haus des Pharisäers, brachte sie ein Alabastergefäß mit Salböl und trat von hinten zu seinen Füßen, weinte und fing an, seine Füße mit Tränen zu netzen und mit den Haaren ihres Hauptes zu trocknen, und küsste seine Füße und salbte sie mit dem Salböl.*« (Lukas 7,37–38)

Von hinten kommt die Frau, schleicht sich an, als ob sie dem Pharisäer nicht ins Gesicht sehen will. Der hat ja viel mehr Anrecht auf Jesus, weil er sich tagaus, tagein um Gott bemüht. Er ist zudem der Hausherr, der sicherlich die kurze Zeit mit Jesus für sich allein braucht. Sie fühlt sich in diesem Haus, in dem so vieles gelingt, alles gut und richtig ist, als Sünderin einfach fehl am Platz. Sie ist nicht so fromm, hat sonst ganz andere Dinge im Kopf – das hier ist ihr fremd und peinlich. Oder will sie Jesus nicht ins Gesicht sehen? Jesus, von dem sie sich etwas erwartet, zu dem sie voller Hoffnung hinwill und zugleich Angst hat, dass sie ihm nicht genügt?

Leise schleicht sie sich an, tritt von hinten an den Tisch und beugt sich ganz nach unten. Sie gibt Jesus nicht die Hand, spricht ihn nicht an – nein, ganz unten ist ihr Ort, bei den staubigen, dreckigen und verschwitzten Füßen. Das passt zu ihr und ihrem Leben, zu ihren Tränen. Sind es Tränen der Scham über sich und ihren Lebenswandel oder Tränen einer Erlösten: »Endlich, endlich bin ich da, kann loslassen!«? Mit diesen Tränen wäscht sie seine Füße, mit ihrer Scham, mit ihrem Erlöstsein.

Und Jesus, was sagt er dazu? »Du hast meine Füße mit Tränen genetzt, weil du dich zurecht über deinen Lebenswandel schämst, und mit deinen Haaren getrocknet, dem Schönsten und Wertvollsten, was du hast. Geküsst und gesalbt hast du mich. Deine Sünden sind dir vergeben. Dein Glaube hat dir geholfen; geh hin in Frieden!«

## Gebet

*Leih mir dein Ohr, Gott, und höre mir zu,*
*denn du allein kannst mich richtig beurteilen.*
*Ganz durcheinander bin ich*
*und ich fühle mich wie festgefahren.*
*Es beschäftigt mich so viel*
*und ich hadere mit mir.*
*Sei nicht zu streng,*
*denn deinen Maßstäben kann niemand genügen.* →

*Am liebsten würde ich alles ohne dich regeln,*
*aber das klappt nicht.*
*Es fällt mir schwer, das einzugestehen:*
*Ich brauche dich.*
*Genügt dir das, um für mich da zu sein?*
*Zaghaft und unentschlossen strecke ich mich nach dir aus.*
*Ergreife meine Hand,*
*denn mit dir finde ich meinen Weg.*
(nach Psalm 143)

## WECKE DEN ADLER IN DIR

### Morgen

Ein Bauer fing das Junge eines Adlers und setzte es in den Hühnerstall. Das Adlerjunge pickte Mais wie die Hühner. Jahre später bekam der Bauer Besuch von einem Vogelkundler: »Der Vogel da ist doch kein Huhn! Das ist ein Adler!« »Mag sein«, erwiderte der Bauer, »aber jetzt ist er wie ein Huhn geworden – selbst wenn er Flügel mit einer Spannweite von beinahe drei Metern hat.« »Nein«, widerspricht der Ornithologe, »das ist ein Adler und wird immer ein Adler bleiben. In ihm steckt das Herz eines Adlers, und das wird ihn antreiben, hoch in den Himmel zu fliegen.«

Also beschlossen die beiden, es auf einen Versuch ankommen zu lassen. Der Vogelfachmann hob den Adler hoch und beschwor ihn: »Öffne deine Flügel und flieg, denn du bist ein Adler und gehörst dem Himmel und nicht der Erde.« Doch der Adler blieb sitzen. Als er die Hühner auf dem Boden sah, wie sie nach den Körnern scharrten, sprang er wieder zu ihnen hinab. »Ich habe es dir gleich gesagt«, triumphierte der Bauer, »der ist schlicht und einfach zum Huhn geworden!«

## GedankenGang

Kannst du dich in der Rolle des Adlers wiederfinden? Wie reagierst du, wenn dir jemand sagt, wer du eigentlich bist? Lässt du dich gerne herauslocken?

## Abend

»Eigentlich bist du ein Adler und kein Huhn.« Der Vogelkundler lässt den Adler nicht in Ruhe. Er erkennt mehr in ihm, als an seinem Verhalten zu erkennen ist: Du lebst zwar wie ein Huhn, aber eigentlich bist du zu etwas ganz anderem geschaffen und bestimmt.

Daran erinnern die Berufungsgeschichten der Bibel: Menschen haben sich in ihrem Alltag eingerichtet. Dann kommt Gott dazwischen: »Ich habe mit dir etwas viel Größeres vor.« Oft sträuben sich die Angesprochenen und wollen ihre Ruhe haben. Aber manchmal kann Gott sie gewinnen.

Pilgern ist eine Suche nach Berufung. Wer pilgert, fragt nach seiner eigentlichen Bestimmung: »Dafür lebe ich.« Es geht nicht darum, zur Ruhe zu kommen und da stehen zu bleiben, wo man schon ist. Pilger möchten nicht am Ende von sich sagen müssen: »Ich bin nämlich eigentlich anders, aber ich komme nur so selten dazu« (Ödon von Horváth, Jugend ohne Gott). Die Fortsetzung der Geschichte vom Adler erzählt seine Berufung:

Tags darauf stiegen beide auf den höchsten Gipfel. Die Morgensonne lag golden auf den Bergen. Der Ornithologe hob den Adler in die Höhe und befahl ihm: »Wenn du ein Adler bist, wenn du dem Himmel gehörst und nicht der Erde, ... mach deine Flügel auf und flieg davon!« Der Adler bebte am ganzen Körper, als ob neues Leben in ihn hineinströmte. Aber fliegen? Nein, nichts davon.

Darauf packte ihn der Mann und hielt ihn genau der Sonne entgegen, sodass sich seine Augen mit dem Glanz der Sonne und der Weite des Horizonts füllten. In dem Moment öffnete der Adler seine gewaltigen Flügel, reckte sich, schlug mit den Flügeln – und begann zu fliegen. Immer weiter flog er, immer höher, bis er sich im Himmel verlor.«[14]

*»Wenn dein Boot, seit Langem im Hafen vor Anker,*
*dir den Anschein einer Behausung erweckt,*
*wenn dein Boot Wurzeln zu schlagen beginnt*
*in der Unbeweglichkeit des Kais:*
*Suche das Weite!*
*Um jeden Preis müssen die reiselustige Seele deines Bootes und deine Pilgerseele bewahrt bleiben.«*
(Hélder Câmara)[15]

## Gebet

*Danke, Gott, für die Fantasie,*
*die mich aus der Gedankenlosigkeit lockt.*
*Ich kann mir vorstellen,*
*was noch nicht da ist:*
*Brot zum Sattessen*
*und frisches Wasser für alle.*
*Ein Dach über dem Kopf bei Regen*
*und eine Dusche am Ziel.* →

*Ich danke dir, Gott, für die Fantasie,*
*die sieht, was stört:*
*den Ballast, den ich besser abwerfen sollte,*
*Gedanken, die mich vom Wesentlichen ablenken.*

*Ich danke dir, Gott, für die Fantasie,*
*die schlummernde Kräfte in mir weckt:*
*Hoffnung, dass nicht alles so bleiben muss,*
*Kraft, das Notwendige zu tun.*

*Danke Gott, dass du mein Herz unruhig machst,*
*bis es ruht in dir.*
*Zu dir hin hast du mich geschaffen,*
*zu dir bin ich auf dem Weg.*

## SORGLOS

### Morgen

Ein Mann findet überraschend in der Wildnis einen üppig tragenden Obstbaum. Reich beladen kehrt er mit zwei Körben voll Obst heim – für einen armen Menschen wie ihn mit einer hungrigen Familie ist das wie ein Schatz. Kurz bevor er das Dorf erreicht, hört er hinter sich ein Fauchen. Er blickt sich um und sieht hinter sich einen wutschnaubenden Stier. Der Mann schreit um Hilfe und rennt so schnell er kann, aber der Stier kommt immer näher. Warum bin ich so langsam, schimpft er? Warum habe ich so kurze Beine und eine schwache Lunge? Warum komme ich immer so schlecht weg im Leben?

Kurz vor knapp ruft ihm ein Passant, der sich auf einen Baum geflüchtet hat, zu: »Lass die schweren Obstkörbe los!« Der Mann ist so überrascht, dass er sie tatsächlich fallen lässt, an Tempo gewinnt und gerade noch die Hand des Mannes auf dem Baum erreicht, der ihn hochzieht. Der Stier ist zufrieden, er genießt das Obst; der Mann auch, er genießt sein Leben.

## GedankenGang

Wer ruft dir zu: »Lass los!«, damit du schneller laufen und mein Leben erhalten kannst? Wie gehst du mit solchen Stimmen um? Kannst du sie gut hören und annehmen?

## Abend

Jesus sagt: *»Ihr sollt euch nicht Schätze sammeln auf Erden, wo Motten und Rost sie fressen und wo Diebe einbrechen und stehlen. Sammelt euch aber Schätze im Himmel, wo weder Motten noch Rost sie fressen und wo Diebe nicht einbrechen und stehlen. Denn wo dein Schatz ist, da ist auch dein Herz.«* (Mt 6,19-21)

Kann ich das, ist das einem Menschen möglich, auf Besitz zu verzichten? Brauchen wir nicht das Bewusstsein: Ich habe da eine Reserve, die mir Sicherheit gibt? Denn nur wer einen festen Rückhalt hat, kann sich nach vorn trauen. Wer festen Halt hat, kann sich weit ausstrecken.

Genau diese Sicherheit will Jesus vermitteln: *»Seht die Vögel unter dem Himmel an: Sie säen nicht, sie ern-*

*ten nicht, sie sammeln nicht in die Scheunen; und euer himmlischer Vater ernährt sie doch. Seid ihr denn nicht viel kostbarer als sie? ... Euer himmlischer Vater weiß, dass ihr das alles braucht. Strebt zuerst nach seinem Reich Gottes und nach seinem Willen, dann wird Gott euch auch das alles schenken.«* (Mt 6,26.32–33; EIN)

Wenn Gott für mich sorgt, dann kann und brauche ich dem nichts hinzuzufügen. Dann habe ich meine Hände frei, dann ist mein Rucksack leicht – ich bin frei.

*Befiehl du deine Wege*
*und was dein Herze kränkt*
*der allertreusten Pflege*
*des, der den Himmel lenkt.*
*Der Wolken, Luft und Winden*
*gibt Wege, Lauf und Bahn,*
*der wird auch Wege finden,*
*da dein Fuß gehen kann.*

*Dem Herren musst du trauen,*
*wenn dir's soll wohlergehn;*
*auf sein Werk musst du schauen,*
*wenn dein Werk soll bestehn.*
*Mit Sorgen und mit Grämen*
*und mit selbsteigner Pein*
*lässt Gott sich gar nichts nehmen,*
*es muss erbeten sein.*
(Paul Gerhardt, 1653, EG 361)

## Morgen

In der mittelalterlichen Vorstellung bringt der Adler seinem Jungen das Fliegen so bei: Das Junge wird aus dem Horst gestoßen und versucht, sich flügelschlagend in der Luft zu halten, ist aber noch so kraftlos und ungelenk, dass es ihm nicht gelingt. Das Junge fällt immer tiefer, bis der Adler unter sein Junges stößt und es auffängt.

Was mag in dem Jungen vorgehen in diesen endlos langen Sekunden des freien Falls? Was denkt es über seine Eltern, denen es bisher vertraut hat? Wie gnadenlos ist die Welt – kaum ist es in sie hineingeboren, da bringt sie es um.

Die Eltern fragen ihn nicht, sondern nehmen dem Jungen sein Leben aus der Hand. Bewusst überfordern sie ihr Junges. Ihre übergroße Forderung »Du sollst jetzt fliegen« ist zugleich ein Zuspruch: »Wir stehen dafür ein, dass es klappt.« Und es ist eine Erwartung: »Du wirst fliegen können.« Du kannst es nicht, aber du wirst es können. Es zählt nicht, was du bist, sondern was du sein wirst. Wir denken dich von deiner Zukunft her, von vorne. Wir sehen dein Potenzial und schauen, wie du es entwickeln kannst.

## GedankenGang

Wo habe ich das erlebt, dass andere mehr in mir sehen, als ich jetzt schon bin? Kann ich mich aus der Hand geben und ihren Erwartungen anvertrauen?

## Abend

Es ist schwer, sich aus der Hand zu geben. Und doch leben wir von dem, wie andere uns ansehen, wenn sie sehen, wozu wir erschaffen sind: »*Es ist noch nicht offenbar, was wir sein werden. Wir wissen aber: Wenn es offenbar wird, werden wir Gott gleich sein*« (1. Joh 3,2; EIN). Gott sieht uns in all unseren Möglichkeiten, die wir noch längst nicht entfaltet haben. Er sieht mehr in uns, als wir selbst. Weil er uns nicht auf unseren Zustand festlegt, sondern von seiner Verheißung her wahrnimmt. Unsere Aufgabe ist es, ihm mehr zu vertrauen als unserem eigenen Blick auf uns selbst. Das lässt auch manche Zumutungen in einem anderen Licht erscheinen – vielleicht sind es Gottes Wege zu seiner Verheißung für uns: Er schubst uns aus dem behaglichen Nest, damit wir endlich selber fliegen können.

## Gebet

*Größer als der Himmel*
*ist deine Liebe, Gott.*
*Wie die Wolken rund um die Erde wandern,*
*so wandert deine Liebe durch Zeit und Raum.*
*Weit wie das Meer ist deine Liebe*
*und unerschütterlich wie die Berge.*
*Du gibst meinen Füßen festen Grund*
*und weiten Schritten offenes Land.*
*Wie ein Vater sorgst du für mich,*
*führst mich hinaus und zeigst mir, wie bunt das Leben ist.*
*Wie eine Mutter kümmerst du dich um mich*
*und sorgst für mein Glück.*

*Geborgen bei dir will ich mutig in die Welt gehen,*
*damit wir uns nicht aus den Augen verlieren.*

## SO KOMM HEREIN!

### Morgen

Wenn ein Mitglied der Habsburger Dynastie stirbt, wird es in der Familiengruft beerdigt: Der Trauerzug steht vor der verschlossenen Tür der Gruft, der Zeremonienmeister klopft dreimal an und von innen fragt der Kustos, wer Einlass begehrt. Darauf wird von außen der Name des Verstorbenen mit allen seinen Titeln genannt. Von drinnen erfolgt die Antwort: »Den kennen wir nicht!«

Beim zweiten Versuch wird die Liste der Titel verkürzt, aber immer noch wird der Einlass verwehrt. Beim dritten Mal wird nur noch der Vorname des Verstorbenen genannt – mit dem Zusatz »ein sterblicher, sündiger Mensch«. »So komme er herein«, lautet die Antwort – und die Tür öffnet sich.

Gott schaut ins Herz, sagen wir oft, und meinen damit: Vor Gott zählt nur noch der Mensch. Wie bei einer Zwiebel wird Schale für Schale alles Äußerliche von ihm weggeschält. Beim Pilgern hast du vieles zu Hause gelassen, ganz wenig nur nimmst du im Rucksack mit. Pilgern übt loslassen, weniger werden, sich aufs Wesentliche zu konzentrieren.

## GedankenGang

Was sind deine »Titel«, von denen du dich lösen solltest?

## Abend

Im Kinderbuch »Jim Knopf und Lukas der Lokomotivführer« wird erzählt, wie beide mit der Lokomotive Emma in der Wüste fahren. Da erblicken sie am Horizont einen Riesen. Sie erschrecken und wollen weglaufen. »Bitte lauft nicht fort«, bettelt von fern der Riese. Er kommt näher und wird dabei immer kleiner. Als er schließlich neben ihnen steht, ist er so klein wie ein normaler Mensch. Jim und Lukas schauen ihn ratlos an. Da erklärt sich der vermeintliche Riese: »Je näher ich komme, desto mehr erkennt man meine wirkliche Gestalt.«

Diesen Weg geht auch Jesus: *»Von göttlicher Gestalt war Jesus. Aber er hielt nicht daran fest, Gott gleich zu sein – so wie ein Dieb an seiner Beute. Sondern er legte die göttliche Gestalt ab und nahm die eines Knechts an. Er wurde in allem den Menschen gleich. ... Deshalb hat Gott ihn hoch erhöht.«* (Phil 2,6-9; BB)

Es ist schwer, sich nackt zu machen, auf seine »Titel« zu verzichten. Jesus zeigt, wie das geht. Er macht sich klein, als Baby kommt er zur Welt, im Stall am Rand der Gesellschaft, in der Fremde, wo keiner ihn kennt und er ein Niemand ist. Aber es ist der einzige Weg, wie ich an mich selbst herankommen kann. Und weil Gott sich klein macht, kann ich ihn rufen: »So komm herein!« – und Gott mich.

## Morgen

Suche dir einen guten Platz in der Kirche – nahe am Altar oder bei einem Bild, in einer Seitenkapelle oder hinten ...

Nimm dir einen Moment Zeit und bedenke vor Gott: Wie komme ich an?

*Ausgang und Eingang, Anfang und Ende*
*liegen bei dir Herr, füll du uns die Hände.* (EG 175)

## Gebet

*Wenn ich nur die Spitze eines Kirchturms erkenne,*
*freue ich mich schon: Bald bin ich da.*
*Wenn die Glocken läuten,*
*fühle ich mich eingeladen von dir.*
*Wenn ich dann die Türklinke in die Hand nehme,*
*bin ich neugierig: Wie sieht dein Haus heute aus?*
*Manchmal ahne ich etwas von deiner Größe,*
*die viel freien Raum lässt.*
*Manchmal höre ich die Stille*
*und ich kann einfach da sein, werde ruhig.*
*Ich rieche Kerzen und Weihrauch:*
*Schon vor mir waren Menschen da, die hier gebetet haben.*
*An manchen Orten glaube ich dich ganz nah,*
*ich bin mir dann ganz sicher: Du bist bei mir.*
*Es ist einfach schön,*
*etwas von deiner Größe zu spüren.* →

*Ich habe einen Raum, um dich zu hören und zu feiern,*
*der eine Ahnung vom Himmel gibt.*
*Meine Augen wandern umher,*
*nehmen Bilder und Worte auf,*
*um gewiss zu sein:*
*Du bist da und wirst es immer sein.*

## GedankenGang

Selig sind ..., freuen dürfen sich ... – die Seligpreisungen Jesu sind ein großes Versprechen: Wer so lebt, auf dem liegt Gottes Segen. Lies den Text – vielleicht sprichst du ihn sogar laut in den Raum, schon viele vor dir haben ihn hier gesagt und gehört: Wo bleiben deine Gedanken hängen? Findest du dich in einer der Seligpreisungen wieder?

*Selig sind, die nur noch von Gott etwas erwarten –*
*mit Gott werden sie leben in seiner neuen Welt.*
*Selig sind, die unter dieser heillosen Welt leiden –*
*Gott wird ihrem Leid für immer ein Ende machen.*
*Selig sind, die auf Gewalt verzichten –*
*Gott wird ihnen die Erde zum Besitz geben.*
*Selig sind, die danach hungern und dürsten,*
*dass sich auf der Erde Gottes gerechter Wille*
*durchsetzt –*
*Gott wird ihren Hunger stillen.*
*Selig sind, die barmherzig sind –*
*Gott wird auch mit ihnen barmherzig sein.*
*Selig sind, die im Herzen rein sind –*
*sie werden Gott sehen.*

*Selig sind, die Frieden stiften –*
*Gott wird sie als Töchter und Söhne annehmen.*
*Selig sind, die verfolgt werden, weil sie tun, was Gott will –*
*mit Gott werden sie leben in seiner neuen Welt.*
(Mt 5,3-10; EIN)

## Abend

Die Seligpreisungen ermutigen, neue Wege einzuschlagen. Gott verspricht Freude und Zukunft allen, die so leben. Ihr Weg ist der richtige und Gott wird sie ans Ziel führen. Viele Menschen haben sich von dieser Hoffnung anstecken lassen. Die Seligpreisungen haben Spuren des Friedens und der Gerechtigkeit hinterlassen. In der Kirche wird dieses Leben gefeiert. Welche Spuren ihres Lebens findest du in der Kirche, in Bildern und Dingen? Wähle dir eine Seligpreisung aus, die dich anspricht – wie gehst du mit ihr weiter?

Die Seligpreisungen schildern ein Leben aus Gott. Vertraue dich ihm im Gebet an: Vater unser ...

Du brichst nun wieder auf – mit Gottes Segen:

*Gott, der Herr,*
*sei dir ein festes Haus, das Schutz gibt,*
*und ein Gasthaus, das dir offen steht.*
*Er öffne dir seine Tür zum Eintreten*
*und auch zum Losgehen.*

# Poetisch pilgern

Die literarischen Texte fordern heraus, selber *Elfchen* zu dichten. Elfchen bestehen aus elf Worten: In der ersten Zeile steht ein Wort, in der zweiten zwei, in der dritten drei, in der vierten vier, in der letzten wieder nur eins. Ein Beispiel:

*Hoffnung*
*vor Augen*
*suchend das Ziel*
*über alles hinaus trägst*
*du*

Ein Elfchen ist so kurz, dass es gut im Gehen in Gedanken gebildet und umformuliert werden kann. So merkst du beim Dichten, ob der Text trägt. Er konzentriert, ver-*dichtet* deine Gedanken, die du wie ein Extrakt am Abend notieren kannst.

## Morgen

Manche Sorgen und Ängste sind für uns wie ständige Begleiter. Wir nehmen sie fast nicht mehr wahr, aber wirksam sind sie doch.

Mancher Pilger denkt schon beim ersten Sonnenstrahl an die drückende Mittagshitze. Der Genuss des Butterbrots unterwegs wird getrübt durch Angst, dass der Vorrat vielleicht nicht bis zum Tagesziel reicht. Der Blick auf den Asphalt lässt in Gedanken die Blasen wachsen. Man ahnt schon, was kommen wird.

Die viele freie Zeit kann zum Gewächshaus sorgenvoller Gedanken werden, um die eigenen Kinder oder Eltern, die Arbeit oder die Gesundheit. Unser Leben steht auf unsicherem Grund, jederzeit kann etwas dazwischenkommen, nie können wir ganz sicher sein. Ein Schatten, der sich jederzeit wie eine Wolke über unser unsicheres Glück legen kann.

Vielleicht leidest du nicht nur an deinen eigenen Sorgen. Auch das Leid anderer setzt dir zu: Der einsame Mann am Ende der Straße, die Arbeitslosen am anderen Ende der Stadt, die Hungernden am anderen Ende der Welt. Manche Menschen leiden mit. Ihnen fehlt das Schmerzmittel der Gleichgültigkeit: Warum muss das sein? Warum kann ich das nicht ändern?

Was lässt uns nicht resignieren, wo doch kein Fortschritt zu sehen ist, wo täglich neues Leid aufkommt? Wie lässt sich leben mit diesen Sorgen. Das viele Glück kann ja den Schatten des Sinnlosen nicht leugnen. Was lässt uns trotzdem morgens aufstehen?

In unserer Welt lauert hinter jedem Glück das Leid. Alles kann Morgen anders werden. Das Gute kann sich als Schlechtes erweisen. Jedes Gelingen hat das Scheitern im Nacken. Unsere Freude kann das Leid anderer nicht leugnen. »So Gott will und wir leben«, sagen manche bei einer Verabredung, weil unser Leben auf wackligen Beinen steht.

## GedankenGang

Wie gelingt es dir, in unserer Welt, in der hinter jedem Gelingen das Scheitern lauert, weiterzuleben?

» Mit dem Schmerzmittel der Gleichgültigkeit – was geht mich das an?
» Oder mit dem Glauben, dass deine kleinen Schritte Teil eines großen Weges sind, von Gott gespurt?
» Mit der Hoffnung, dass unsere Welt ihr Ziel finden wird?

## Abend

Wir leben in einer noch nicht erlösten Welt. Jedes Glück weiß auch um das Leid und Scheitern. Du hast überlegt, wie du damit umgehst – gleichgültig, hoffend, ausschreitend?

Carl Friedrich von Weizsäcker sagt: »Man kann in dieser Welt, wie sie ist, nur dann weiterleben, wenn man zutiefst glaubt, dass sie nicht so bleibt, sondern werden wird, wie sie sein soll.« Diese Erwartung wird auch in der Bibel genährt: »*Dann sah ich einen neuen*

*Himmel und eine neue Erde. ... Sieh doch: Gottes Wohnung bei den Menschen! Er wird bei ihnen wohnen und sie werden seine Völker sein. Gott selbst wird als ihr Gott bei ihnen sein. Und er wird jede Träne abwischen von ihren Augen. Es wird keinen Tod und keine Trauer mehr geben, kein Klagegeschrei und keinen Schmerz. Denn was früher war, ist vergangen.«* (Offb 21,1-4; BB)

Eine neue Welt wartet auf uns, von Gott geprägt: »Die gegenwärtige Welt ist Pilgerschaft. Heimat ist erst die kommende.« (Augustinus: in levit 23,3, Fragen zum Heptateuch) Darauf zu hoffen lässt die Defizite der gegenwärtigen Welt umso schmerzhafter spüren. Das kann deprimieren oder die Sehnsucht wachsen lassen:

> *»Lasst uns nach der Stadt schmachten, wo wir Bürger sind. ... Indem wir uns in Sehnsucht nach ihr verzehren, sind wir schon dort; wir haben unsere Hoffnung schon wie einen Anker an dieser Küste geworfen. ... Ich singe das Lied des Dort, nicht des Hier, denn ich singe mit meinem Herzen, nicht mit meinen Lippen. Die Bürger Babylons hören nur den Klang des Fleisches; der Begründer Jerusalems hört das Lied unseres Herzens.«* (Augustinus)[16]

Pilgern ist in der frühen Christenheit weniger eine Bewegung der Füße als des Herzens. Es geht darum, sich nicht in den Dingen dieser Welt zu verstricken, sondern den Blick frei zu bekommen für das, was noch kommt. Damit wir uns nicht mit dem kleinen Glück unterwegs zufrieden geben und darüber das große Ziel vergessen. Die iroschottischen Wandermönche sind lebenslang unterwegs gewesen, um keine Wurzeln im Diesseits zu schlagen. Für dich kann deine Pilgerwanderung zur Übungszeit werden, den weiten Blick auf das große Ziel zu gewinnen, die Sehnsucht zu stärken nach dem, was Gott uns verheißt: »Das Ende der Straße ist unsere wahre Heimat. Lasst uns nicht die Straße mehr lieben als das Land, zu dem sie führt.« (Columban)[17]

## UNGEDULD

### Morgen

*Ich sitze am Straßenhang.*
*Der Fahrer wechselt das Rad.*
*Ich bin nicht gern, wo ich herkomme.*
*Ich bin nicht gern, wo ich hinfahre.*
*Warum sehe ich den Radwechsel*
*mit Ungeduld?*
(Bertolt Brecht)[18]

Eine Panne unterbricht das normale Getriebe. Es läuft nicht wie gewohnt. Der Mann ist ruhiggestellt. Er wird zum Zuschauer seines Lebens – oder ist er es immer schon gewesen? Er lässt andere den Wagen steuern, andere wechseln für ihn auch den Reifen. Oder ist er selber der Fahrer, der den Reifen wechselt, und betrachtet sich von außen wie einen Fremden? Er ist nicht mehr er selbst, er identifiziert sich nicht mit sich, er ist sich fremd.

Ein Mensch betrachtet sein Leben: Wo ich herkomme, war es unbefriedigend, wo ich hinfahre ebenso. Es ist nicht mein Leben. Ich will es nicht, ich habe noch nicht einmal Lust, es in die Hand zu nehmen. Ich lasse mich leben. Warum auch nicht, wenn ich sowieso nicht weiß, was ich will?

Ein Mensch sitzt am Straßenrand. An ihm vorbei braust der Verkehr. Neben ihm ist Bewegung, geht es voran – nur er ist stillgestellt, ausgeschieden. Oder gerade andersherum? Ist der Verkehr nicht eher ziellose Betriebsamkeit, blinder Aktivismus und erlebnissuchende Ablenkung? Und gerade bei ihm, der aussteigt und anhält, bewegt und verändert sich etwas? Er hat noch kein Ziel, für das er aussteigt. Aber indem er aussteigt, kann er ein Ziel suchen. Panne sei Dank.

»Warum sehe ich dem Radwechsel mit Ungeduld zu?« Ist es die Unruhe dessen, der immer Ablenkung braucht, um nicht zu sich selbst zu kommen? Oder ist es die Unruhe dessen, der weiß: Jetzt ist die Chance, nach meinem Ziel zu suchen? Jetzt ist die Chance, aufzustehen und auf eigenen Füßen loszugehen, wohin ich wirklich will?

## GedankenGang

Kennst du bei dir selbst ziellose Betriebsamkeit? Hauptsache irgendwas machen, damit keine Leere aufkommt? Wie fühlst du dich dann hinterher?

Weniger ist mehr. Schweigen ist ein Weg zum Weniger: Ohne Smartphone und Smalltalk, nur hören, oder vielleicht ein einziger Satz, aber dieser dann gut durchgekaut, verdaut, meditiert und angeeignet. »Nicht das Vielwissen sättigt die Seele, sondern das Verkosten der Dinge von innen her.« (Ignatius von Loyola)

## Abend

Durch die Panne ist der Mann stillgestellt, er kann nichts machen. Das macht ihn nervös, zappelig. Denn in der Ruhe melden sich Eindrücke zu Wort: Du hast auch sonst nichts vor, deine rastlose Bewegung ist ziellos, sinnlos, bloße Ablenkung. Die erzwungene Auszeit lässt ihn erschrecken: Bei aller äußeren Bewegung steht mein Leben innerlich still. Manchmal sind wir gerade darum ungeduldig, nicht weil wir etwas vorhaben, sondern weil wir Angst haben, dass uns das in der Ruhe bewusst wird. Manchmal ist es die Angst, etwas zu verpassen, weshalb wir auf mehreren Hochzeiten gleichzeitig tanzen und im Leben hin und her zappen.

Auch Pilgern ist Bewegung: Die Füße gehen, jeden Abend ein neues Bett, jede Stunde ein neues Dorf, Begegnungen mit unbekannten Menschen und fremdes Essen, neuartige Eindrücke und Bilder. Pilgern ist abwechslungsreich – aber verändert sich nur die Landschaft, oder auch du selbst? Ist das Pilgern mehr ein Film, der an dir vorüberzieht, oder läuft auch in dir etwas ab?

»Du verlierst dich an vielerlei, aber nur eins ist nötig« ermahnt Jesus Martha, die sich in ihren unzähligen Vorhaben verliert (Lk 10,41 f.; GNB). Eine heilsame Beschränkung. Wenn du pilgerst, dann sei ganz bei der Sache. Kümmere dich nicht um Balkonpflanzen und Beruf, Planungen und Projekte. Du bist extra aus deinem

Alltag ausgestiegen. Lenke dich nicht ab. Beschränke dich – und dann mach es ganz.

## LANGEWEILE

### Morgen

*Dieses Leben ist für die Hoffnung kein Wartezimmer,*
*in dem man gelangweilt herumsitzt,*
*bis sich die Tür zum Sprechzimmer Gottes öffnet.*
*Nur wer sucht, der findet,*
*nur wer anklopft, dem wird aufgetan.*
(Jürgen Moltmann)[19]

Die Hoffnung in der Arztpraxis. Eine kranke Hoffnung, die Heilung sucht. Macht Stress ihr Bauchweh? Hat sie durch Unrecht und Sinnlosigkeit Kopfschmerzen bekommen? Oder ist es nur eine oberflächliche Erkältung, weil sie durch einen Misserfolg verschnupft ist?

Eine kranke Hoffnung, die Heilung sucht. Ihren Arzt hat sie gefunden, Gott. Sie sitzt im Wartezimmer. Ungeduldig schaut sie auf die Uhr. Schicksalsergeben wartet sie, was der Arzt verordnet. Gelangweilt sitzt sie herum, bis sich ihr endlich die Tür zum Sprechzimmer öffnet. Je länger sie warten muss, bis sie dran ist, desto unzufriedener wird sie. Eine Hoffnung, die untätig im Wartezimmer sitzt, wird immer verdrießlicher. Hoffnung, die die Hände in den Schoß legt, verkümmert wie eine Blume ohne Wasser.

## GedankenGang

Wann hast du das letzte Mal der Resignation getrotzt? Wie ist deine Hoffnung daraus hervorgegangen?

## Abend

Markus 2,1-11

Gelähmt zu sein war zur Zeit Jesu medizinisch ein hoffnungsloser Fall. Da war nichts zu machen. Dennoch bringen die Freunde den Gelähmten zu Jesus. Das Haus ist überfüllt, die Tür verstopft – kein Durchkommen, keine Chance. »Trotzdem« sagen sich die Freunde, tragen den Gelähmten aufs Dach und reißen ein Loch auf – unverschämt ist das –, um den Gelähmten zu Jesus herunterzulassen.

Waren sie sicher, dass Jesus helfen wird, felsenfest überzeugt und darum zu allem bereit? Oder war es eher ein verzweifelter letzter Versuch, an den sie selbst nicht recht geglaubt haben: Wer es riskiert, kann verlieren, wer aufgibt, hat schon verloren?

Und warum heilt Jesus? Nicht weil er den Gelähmten bedauert. Sondern weil er das engagierte Vertrauen bewundert: »*Als Jesus sah, wie groß ihr Glaube/Vertrauen war ...*« (Mk 2,5; EÜ). »*Dein Glaube hat dir geholfen*«, sagt Jesus oft zur Begründung einer Heilung.

Das Tun, das Versuchen, ist der Hoffnung Lebensquell. Nur wer sucht, der findet. Nur wer anklopft, dem wird aufgetan (Mt 7,7-11). Das ist bereits der Hoffnung Heilung, dass sie erwartungsvoll sucht, dass sie vertrauensvoll anklopft.

Anscheinend braucht es für ein Wunder zuerst einen Menschen, der aus der Resignation heraustritt und so Gott zeigt: Ich bin bereit, du kannst beginnen. Das müssen keine Heldentaten sein, manchmal genügt ein zweifelndes Suchen; vielleicht, vielleicht sieht mich Gott: »Nicht müde werden, sondern dem Wunder leise wie einem Vogel die Hand hinhalten.« (Hilde Domin)

## TROPFEN AUF DEN HEISSEN STEIN

### Morgen

Schritt für Schritt wirst du heute deinen Weg gehen. Aber was ist schon ein Schritt angesichts der vielen Kilometer, die du vor dir hast?

Eine islamische Geschichte erzählt: »Ein Spatz sah, dass Abraham von Nimrod ins Feuer geworfen wurde und flog sofort zu einer Wasserstelle, nahm den Schnabel voll mit Wasser und flog zur Feuerstelle, um das Wasser dort abzulassen. Leider war sein Schnabel so klein, dass nur wenige Tropfen darin Platz hatten, und so flog er unermüdlich immer wieder hin und her und ließ seine wenigen Tropfen über dem großen Feuer ab, während das Feuer größer und größer wurde.«

### GedankenGang

Wie findest du den Vogel? Erkennst du dich in ihm wieder? Wie erlebst du Situationen, in denen du (nicht) bist, wie er?

### Abend

Die Geschichte geht noch weiter: »Als ein anderer Vogel das sah, sprach er den Spatz an und fragte: ›Weißt du denn nicht, dass du mit deinen mickrigen wenigen Tropfen nichts gegen dieses riesige Feuer ausrichten kannst?‹

Der Spatz antwortete: ›Ich weiß, dass meine Tropfen nichts ausrichten. Aber wenn der Tag des Gerichtes kommt und ich gefragt werde, was hast du getan, als der große Prophet ins Feuer geworfen wurde, da will ich nicht verschämt dastehen. Ich tue, was ich kann. Und wenn hunderttausende Vögel solche mickrigen Tropfen über dem Feuer abwerfen würden, dann könnten wir es löschen. Ich aber bin nur verantwortlich für mich!‹«

## SCHÖPFUNG

### Morgen

Die Wise Guys singen in ihrem Lied »Romanze«:

*Sie trafen sich am Strand kurz vor dem Sonnenuntergang*
*und lächelten und waren leicht verlegen.*
*Alles war so neu, sie kannten sich noch nicht sehr lang.*
*Er streckte ihr 'nen Rosenstrauß entgegen.*
*Sie sagte: »Rosen wecken so romantische Gefühle.«*
*Da nickte er und sprach: »Ja, zweifelsohne!*
*Da reichen in der Nase ein paar tausend Moleküle*
*der Duftstoffe mit Namen ›Pheromone‹.«*[20]

Zwei Menschen sehen die gleichen Rosen – aber ganz verschieden. Zwei verschiedene Brillen haben sie auf: Den analytischen Blick des Biochemikers und den romantischen Blick der Verliebten. Beide Brillen lassen Unterschiedliches erkennen.

## GedankenGang

Übe heute, die Natur wie mit zwei unterschiedlichen Brillen zu betrachten. Schau eine Blüte an:

- Der biologische Blick, der nach der Funktion, dem Nutzen fragt: Warum blüht die Blume? Was nutzt ihr das im Konkurrenzkampf der Fortpflanzung?
- Der Schöpfungsblick, der in der Blume ein Geschenk erkennt: Die Blume verschenkt ihre Schönheit großzügig, einfach so, an mich, ohne Hintergedanken.

Welche Brille liegt dir näher? Wie bist du im Alltag? Wie wäre dein Leben mit nur einer Brille?

## Abend

Für Jesus wird die Natur zum Gleichnis: »*Wenn nun Gott das Gras, das heute auf dem Feld steht und morgen in den Ofen geworfen wird, so kleidet, wie viel mehr wird er euch kleiden, ihr Kleingläubigen!*« (Lk 12,28) Betrachte ich die Natur als Schöpfung, zeigt sie mir Gott. Dankbar sehe ich hinter ihr den Schöpfer: Wenn er sich sogar um Gras und Blume so kümmert, dann muss ich um mich keine Angst mehr haben.

## Schöpfungs-Psalm

*So schön hast du unsere Welt erschaffen,*
*ich staune immer wieder.*
   *Dein Himmel spannt sich wie ein Zelt über die Erde,*
   *Wind und Regen, Berg und Tal wechseln sich ab;*
   *danke, dass ich in deiner Schöpfung unterwegs sein darf.*
*Von der Kuh bis zum Wurm,*
*allen Tieren schenkst du ihr Leben.*
   *Gras lässt du sprießen für das Vieh.*
   *Der Wein macht uns froh und das Brot stark.*
*Alle deine Geschöpfe warten darauf,*
*dass du ihnen Nahrung gibst zur rechten Zeit.*
   *Du öffnest deine Hand*
   *und alle werden satt.*
*Mit ganzer Kraft will ich dich loben, Schöpfer,*
*denn was unser Leben reich macht, stammt von dir.*
   *Immer will ich daran denken,*
   *wie sehr du mich beschenkst.*
*Die vielen Blumen und Bäume erinnern mich daran,*
*wie groß deine Liebe ist.*
   *Von Ewigkeit zu Ewigkeit währt sie,*
   *ohne Ende.*
*Unvorstellbar, Gott, was du alles geschaffen hast,*
*allem hast du einen tiefen Sinn gegeben.*
   *Wunderbar ist deine Welt, Gott.*
   *Es ist schön, in ihr unterwegs zu sein.*

(nach Psalm 104)

## KLEIDERWECHSEL

Epheser 4

### Morgen

> *»Legt von euch ab den alten Menschen mit seinem früheren Wandel, der sich durch trügerische Begierden zugrunde richtet. Erneuert euch aber in eurem Geist und Sinn und zieht den neuen Menschen an, der nach Gott geschaffen ist in wahrer Gerechtigkeit und Heiligkeit.«* (Eph 4,22-24; Luther 2017)

Wie oft wechsle ich meine Kleidung! Beim Aufstehen ziehe ich das Jackett fürs Büro an, wenn ich nach Hause komme das T-Shirt, dann zum Reparieren des Fahrrads in die alten Jeans, zum Sport, zum Ausgehen am Abend, zum Schlafengehen ... Kleider machen Leute. Werde auch ich ein anderer mit jedem Kleiderwechsel?

Auch zum Pilgern habe ich die Kleider gewechselt, die Hausschuhe gegen die Wanderschuhe getauscht, das Jackett gegen die Regenjacke. Auch die Umgebung legt sich wie ein neues Kleid um mich: Bäume statt Häuser, Trampelpfad statt Autobahn, der weite Horizont statt der Zimmerdecke. *»Zieht den neuen Menschen an, der nach Gott geschaffen ist.«* Bin ich ein anderer geworden?

### GedankenGang

> Ich schaue auf die letzten Tage meines Pilgerns: Habe ich mich verändert? Reagiere ich anders auf Menschen, Herausforderungen? Nehme ich anders wahr?

### Abend

Viele Tuareg in der Sahara kleiden sich in blaue Stoffe. Über die Jahre färbt das Blau ab, reibt sich in die Haut ein, bis es sich schließlich nicht mehr wegwaschen lässt. Sie heißen darum auch das blaue Volk. Kleider machen wirklich Leute.

Man kann sich in Gottes Zuspruch kleiden. Die Juden tun das, indem sie Worte Gottes am Handgelenk tragen und am Türpfosten ihres Hauses anbringen. Immer soll Gott um sie sein, sie wollen sich in sein Wort hüllen, damit es sich ihnen einprägt wie die blaue Farbe. Abfärben braucht Geduld und Zeit. Geben wir sie Gott und uns.

## RÄTSELBUCH

Apostelgeschichte 8

### Morgen

Manchmal werden wir unruhig. Wir wollen etwas an unserem Leben ändern, irgendwie muss wieder Schwung rein, Sinn, ein neues Ziel. Manche stellen dann die Möbel um, andere buchen ein Wochenende kreatives Gestalten, manche kaufen sich ein Cabrio, andere gehen pilgern.

Diese Unruhe, das zündende Lebensprojekt zu finden, das eigene Leben besser zu verstehen – den Finanzminister von Äthiopien (so erzählt es die Apostelgeschichte Kap. 8) bringt sie auf eine Reise nach Jerusalem. Er sucht Hilfe im Tempel, im Heiligen, bei Gott. Wo Tausende beten, wo der Rauch der Opfergaben in den Himmel steigt – vielleicht findet er dort, was er sucht, einen Fingerzeig in Richtung Geheimnis des Lebens.

Nicht jeder äthiopische Minister macht so eine Reise. Die meisten werden ihren Urlaub woanders gemacht haben, am Meer, in der Landvilla. Aber er sucht sein Heil im Tempel in Jerusalem.

Nun ist er schon auf der Rückreise. Etwas ist in ihm angestoßen worden, noch keine fertige Antwort – er war ja nur kurz dort. Er hat sich darum eine Schriftrolle von Jesaja gekauft. Aber er versteht den Sinn nicht, alte Worte, fremde Gedanken. Das zu verstehen ist schwer. Noch ein Rätsel mehr? Eigentlich wollte er sein Leben doch verstehen, nicht noch weitere Rätsel draufladen.

## GedankenGang

Auch du hast dich auf den Weg gemacht – und bist nun kurz vor der Rückreise. Was hast du unterwegs gefunden? Was ist dir noch nicht klar geworden und sucht nach Klärung?

## Abend

Der Finanzminister ist auf dem Heimweg, da steht einer am Wegesrand und bietet Hilfe an: »*Verstehst du auch, was du liest?*«. So erfährt der Minister von Philippus vom Geheimnis des Lebens, vom König der Welt, der Mensch wurde und nahe kam, der die Zerbrochenen geheilt hat und Blinde sehend gemacht, der sein Leben hingegeben hat – so sehr nimmt er an unserem Leben teil.

Das Leben verstehen heißt darum: sich selbst anrühren lassen, sich anstecken lassen von der Nähe Gottes, in diesem Licht zu leben, anders beschenkt. Das Leben verstehen heißt dann: selber so leben, in jedem ein Kind Gottes zu sehen, selber den Namen Christi zu tragen. Der Finanzminister findet, was er gesucht hat. Er lässt sich taufen, trägt nun Christi Namen, gehört dazu.

Bald kehrt er heim, in Alltag und Amt, muss Liebe und Macht, Geld und Glaube unter einen Hut bekommen. Er wird Philippus vermissen und Jerusalem. Aber er trägt diesen Namen Christi: Ich bin berufen, seinen Weg zu gehen, mit ihm, mit dem ich mein Leben verstehe, ein Leben offen wie eine Tür, eine Reise – ins gelobte Land.

Mein Leben, bei dem ich bei meinem Namen gerufen bin: »*Fürchte dich nicht, denn ich habe dich erlöst; ich habe dich bei deinem Namen gerufen; du bist mein! Wenn du durch Wasser gehst, will ich bei dir sein, und wenn du durch Ströme gehst, sollen sie dich nicht ersäufen. Wenn du ins Feuer gehst, wirst du nicht brennen, und die Flamme wird dich nicht versengen. ... So fürchte dich nun nicht, denn ich bin bei dir.*« (Jes 43,1.2.5; Luther 2017)

## Hoffnungs-Worte[21]

Nimm dir ein Wort und meditiere es – als von Gott dir zugesprochen – unterwegs!

»Hoffe auf den Herrn und bleib auf seinem Weg.« Ps 37,34; BB

»Obwohl nichts mehr zu hoffen war, hielt Abraham an der Hoffnung fest und vertraute Gott.« Röm 4,18a; GNB

»Der Gott der Hoffnung erfülle euch mit aller Freude und mit Frieden im Glauben.« Röm 15,13

»Die Liebe erträgt alles, glaubt alles, hofft alles, hält allem stand.« 1. Kor 13,7; BB

»Wie übel wären wir dran, wenn unsere Hoffnung auf Menschen ruhte.« Adolf Kolping

»Der Glaube macht fähig, aus dem Berg der Verzweiflung Steine der Hoffnung zu schlagen.« Martin Luther King

»Hoffen heißt: die Möglichkeit des Guten erwarten; die Möglichkeit des Guten ist das Ewige.« Søren Kierkegaard

»Die Hoffnung im Beter ist bei Gott sein Vertreter.«
Friedrich Rückert

»Es ist besser, ein einziges kleines Licht anzuzünden, als die Dunkelheit zu verfluchen.« Konfuzius

»Es ist aber der Glaube eine feste Zuversicht dessen, was man hofft, und ein Nichtzweifeln an dem, was man nicht sieht.« Hebr 11,1

»Wer pflügt, soll auf Hoffnung pflügen.« 1. Kor 9,10

»Eine Hoffnung, die sich schon sichtbar erfüllt hat, ist keine Hoffnung. Ich kann nicht erhoffen, was ich vor Augen habe.« Röm 8,24; GNB

»Hoffe nicht ohne Zweifel und zweifle nicht ohne Hoffnung.« Lucius Annaeus Seneca

»Die größten Menschen sind jene, die anderen Hoffnung geben können.« Jean Jaurès

»Wir rühmen uns sogar der Leiden, die wir für Christus auf uns nehmen müssen. Denn wir wissen: Durch Leiden lernen wir Geduld.« Röm 5,3-4; GNB

»Herr, mach mich zu einem Werkzeug deines Friedens, ... dass ich die Hoffnung wecke, wo Verzweiflung quält.« Franz von Assisi zugeschrieben

»Und der Friede Gottes, der höher ist als all' unsere Vernunft, der halte deinen Verstand wach, der bewahre deine Hoffnung und stärke deine Liebe.« nach Phil 4,7

Gott gibt, was wir brauchen, damit wir nicht aufhören zu hoffen, zu gehen, zu suchen.

Hoffnung, die die Hände in den Schoß legt, verkümmert wie eine Blume ohne Wasser.

Dein unruhig suchendes Herz ist ein Segen, weil es mehr erhofft und ersehnt, als dir die Welt schenkt. Deine Unruhe hat ein großes Ziel: Gott.

Gott hat sich gezeigt und er wird sich wieder zeigen – es ist möglich und ich gebe die Hoffnung nicht auf.

Gott, du hast diese Hoffnung in mich gepflanzt, jetzt darfst du sie nicht einfach wieder ausreißen.

Wollen, was mein Wollen übersteigt. Sehnsucht, dass ich anders lebe, als ich bin. Hoffen auf das, was alles Menschenmögliche übersteigt. Das geschieht im Gebet.

Auf Gottes neue Welt zu hoffen lässt die Defizite der gegenwärtigen Welt umso schmerzhafter spüren. Das kann deprimieren oder die Sehnsucht wachsen lassen.

## Zu guter Letzt

*»Des Menschen Leben ist ein Rätsel,*
*es gleicht der wohlgeformten Brezel.*
*Wo Anfang, Mitt und End des Kreises*
*weiß keiner. Nur der Bäcker weiß es.«*

# Stichwortverzeichnis

## Quellennachweis

1 Kursiv gesetzte Abschnitte in diesem Kapitel sind an die GNB angelehnte eigene Übersetzungen bzw. freie Wiedergaben des Jonabuchs.

2 Die Bibelzitate in diesem Abschnitt nach eigener Übertragung.

3 Kursiv gesetzte Bibelverse in diesem Abschnitt nach GNB.

4 Kursiv gesetzte Bibelverse in diesem Abschnitt nach GNB.

5 Kursiv gesetzte Bibelverse in diesem Abschnitt nach BB.

6 Lothar Zenetti: Sieben Farben hat das Licht. Neue Texte für den einzelnen und die Gemeinde. Verlag J. Pfeiffer München 1975, S. 293.

7 Kursiv gesetzte Bibelverse in diesem Abschnitt nach BB.

8 Kursiv gesetzte Bibelverse in diesem Abschnitt nach eigener Übertragung.

9 »Die Weise von Liebe und Tod des Cornets Christoph Rilke«, in: Rainer Maria Rilke: Meine schönsten Erzählungen. © Jazzybee-Verlag Altenmünster 2016, S. 255.

10 Kursiv gesetzte Bibelverse in diesem Abschnitt nach EIN.

11 Ernst Bloch: Das Prinzip Hoffnung, Bd. 3. © Aufbau Verlag Berlin 1959, S. 1628.

12 Zitiert nach Andrea Schwarz: Bleib dem Leben auf der Spur: Unterwegs nach Afrika. © Verlag Herder Freiburg i.Br. 2010.

13 Kurt Marti: »Gnadenwirtschaft« in: Gedichte am Rand. © Verlag Kiepenheuer & Witsch Köln 1963.

14 Frei nach Leonardo Boff: Der Adler und das Huhn. Wie der Mensch Mensch wird. © Patmos Verlag Düsseldorf 1998.

15 Dom Hélder Câmara, »Mach aus mir einen Regenbogen«. © Pendo-Verlag Zürich 2000.

16 Enarrationes in Psalmos 62,2-3. Zitiert nach Peter Brown: Augustinus von Hippo. Societäts-Verlag Frankfurt a.M. 1973, S. 217.

17 Vita Columbani II, 23. Zitiert nach Arnold Angenendt: Monachi Peregrini. Studien zu Pirmin und den monastischen Vorstellungen des frühen Mittelalters. Wilhelm Fink Verlag München 1972, S. 129-144, hier S. 138.

18 Bertolt Brecht: Werke, Bd. 12: Gedichte, Bd. 2, Buckower Elegien. © Suhrkamp Verlag Berlin u.a. 1988, S. 310.

19 Jürgen Moltmann: »Wegbereiter sein« aus: Politische Theologie – Politische Ethik. © Christian Kaiser Verlag München 1984, S. 162.

20 Wise Guys, aus: »Romanze«. © Musik, Text & Arrangement: Daniel »Dän« Dickopf (http://wiseguys.de/songtexte/details/romanze/).

21 Nicht anders kenntlich gemachte Texte stammen von Detlef Lienau.

## Zum Weiterlesen

Detlef Lienau: Sich fremd gehen. Warum Menschen pilgern. Ostfildern 2009.